Gott
hat hohe Nebenkosten

Eva Müller

Gott hat hohe Nebenkosten

Wer wirklich für die Kirchen zahlt

Kiepenheuer & Witsch

Verlag Kiepenheuer & Witsch, FSC® N001512

4. Auflage 2013

© 2013, Verlag Kiepenheuer & Witsch, Köln
Alle Rechte vorbehalten. Kein Teil des Werkes darf in irgendeiner Form (durch Fotografie, Mikrofilm oder ein anderes Verfahren) ohne schriftliche Genehmigung des Verlages reproduziert oder unter Verwendung elektronischer Systeme verarbeitet, vervielfältigt oder verbreitet werden.
Umschlaggestaltung: Barbara Thoben, Köln
Umschlagmotiv: © by-studio – Fotolia.com
Autorenfoto: © version-foto
Gesetzt aus der Minion
Satz: Buch-Werkstatt GmbH, Bad Aibling
Druck und Bindung: CPI – Clausen & Bosse, Leck
ISBN 978-3-462-04485-0

Inhalt

Einleitung   7

1. »Schädliches Ärgernis«
Der Fall Rauschendorf   13

2. Keine echten Katholiken
Wenn Kirche auf Wirklichkeit trifft   25

3. Steuern für Gott
Woher das Geld kommt   41

4. »Solange niemand etwas davon weiß ...«
Ein besonderes Angebot   51

5. Hinkende Trennung oder gute Partnerschaft
Wer zahlt und wer bestimmt   57

6. Katholische Putzfrau gesucht
Was die Gerichte sagen   67

7. Wir schließen sonst!
Wie man mit der Kirche sparen kann   83

8. **Die Diakonie und der Markt**
   Gleiche Arbeit, weniger Rechte   97

9. **»Mit denen will man es sich nicht verscherzen«**
   Was die Parteien sagen   115

10. **»Wir fühlen uns Höherem verpflichtet«**
    Eine Erklärung   141

11. **Mit dem Taxi zum Gymnasium**
    Die Nebenwirkungen christlicher Schulen   153

12. **»Die können nicht mehr miteinander«**
    Eine Entscheidung   169

13. **»Vater unser im Himmel«**
    Kein Abschied   183

Einleitung

Im Sommer stellt Udo Maria Schiffers sein Motorrad immer direkt vor das Pfarramt. Es ist eine silbergraue BMW. Ravenna, Venezia, Rom: Die schon verblassenden Aufkleber zeigen, wo der Pfarrer seine Urlaubszeit verbringt. Wenn die Maschine da ist, ist auch er im Lande. Das Pfarrgebäude ist ein düsteres Haus, mit schwarzen Schieferplatten verkleidet. Was auch eine große Jagdhütte sein könnte, beherbergt in Königswinter-Ittenbach die Pfarrbücherei, das Pfarrbüro und Udo Maria Schiffers selbst. Als er die Tür öffnet, muss er sich fast bücken. Der Pfarrer ist ein Mann mit ruhigem Gang, in zwei Jahren wird er siebzig. Er bittet herein und führt vorbei am Tisch der Pfarrsekretärin, die schon Feierabend hat, in ein Hinterzimmer. Ein Kopierer für den Pfarrbrief steht dort, an der Wand ein Jesusbild. Gottes Sohn mit erhobenem Zeigefinger in leuchtenden Farben. »Ich schwinge gerne mal selbst den Pinsel«, erzählt der Pfarrer, bevor er sich an den Tisch setzt und die Nickelbrille putzt. Die Stühle kennt man aus Jugendherbergen: helles, massives Holz mit violetter Lehne. Der Vorhang war mal weiß. Über dem Kopierer hängen vier goldene Heiligenfiguren. »Sie saß genau da«, sagt Pfarrer

Schiffers und zeigt auf die gegenüberliegende Tischseite. Er meint Bernadette Knecht, die Kindergartenleiterin des Nachbarortes Rauschendorf. Pfarrer Schiffers war ihr Vorgesetzter, er hat sie entlassen.

»Was sie getan hat, ist zunächst einmal der objektive Tatbestand des Ehebruchs«, sagt Pfarrer Schiffers und schaut kurz auf. Er möchte genau erklären, warum er sich für die Kündigung entschieden hat. »Die Ehe ist für uns Katholiken ein Abbild der Treue Gottes zu den Menschen und deshalb ist sie uns heilig und bis zum Lebensende bindend.« Wer die Ehe bricht, der kann kein gutes Vorbild mehr sein, sicher keinen Kindergarten leiten, keine Personalverantwortung tragen. So sieht es Pfarrer Schiffers. So sagt es das kirchliche Arbeitsrecht. Deshalb die Kündigung.

Nur wenn Bernadette Knecht einen richtig guten Tag hat, muss sie nicht weinen, wenn sie von dem Gespräch im Pfarrzimmer erzählt. Auch heute noch erinnert sie sich an jedes Detail. Neun Jahre lang hatte sie den Kindergarten in Rauschendorf geleitet, dann sollte sie gehen. Sie hat die kinnlangen blonden Haare hinter die Ohren gestrichen und trägt einen strahlend weißen Pullover, unter dem ein Blütenhemd hervorlugt. Bernadette Knecht ist eine sportliche Frau, doch heute liegen ihre Hände so müde auf ihren Oberschenkeln, als gehörten sie nicht zu ihr. Sehr genau erinnert sie sich daran, wie sie zu Pfarrer Schiffers ins Pfarrbüro gegangen ist, um sich Rat zu holen.

»Die Entscheidung, meinen Mann zu verlassen, ist mir sehr schwergefallen – überhaupt mit dieser Situation umzugehen«, erzählt sie. »Wir waren eine Familie. Zwar sind die Kinder aus dem Haus, aber trotzdem ist auf einmal nichts mehr so, wie es vorher gewesen ist. Die Akzeptanz der Familie ist natürlich auch nicht da, wenn man geht. Damit bin ich überhaupt nicht fertiggeworden. Ich hatte ein schlechtes Gewissen. In dieser Situation dachte ich, der Pfarrer hilft mir. Aber mit dem, was dann passiert ist, habe ich nicht im Traum gerechnet.« Bernadette Knecht zieht die Augenbrauen hoch, aber die Tränen kommen trotzdem. »Ich kann es gar nicht beschreiben«, formuliert sie leise. »Pfarrer Schiffers Worte waren: ›Es tut mir leid, Frau Knecht, Sie sind ein schädliches Ärgernis und daher müssen Sie gehen.‹« Bernadette Knecht atmet einmal tief ein. »Ich habe gedacht: Er ist doch nicht nur mein Arbeitgeber, sondern auch Seelsorger und wir werden schon eine Lösung finden. Aber er blieb dabei. Am Ende habe ich nur gesagt: ›Sie können mich hinauswerfen, aber ich weiß, Gott wird auf meinen Wegen sein.‹ Und der Pfarrer antwortete: ›Da seien Sie sich nicht so sicher.‹ Und damit war das Gespräch beendet.«

Pfarrer Schiffers runzelt die Stirn. »Natürlich darf sie denken, darf sie glauben, dass Gott weiter auf ihrer Seite ist. Aber, und das habe ich ihr auch gesagt, wir müssen in schwierigen Lebenssituationen aufpassen, dass wir uns nicht ein Gottesbild zurechtzimmern, wie es uns gerade passt. Eine Ehe soll die Treue Gottes zu den Menschen widerspiegeln, sichtbar machen. Und wenn eine Kindergartenleiterin das nicht mehr zeigen kann, ist das ein schädliches Ärgernis. Dann muss sie gehen.«

Bernadette Knecht ist eine von Hunderttausenden Menschen in Deutschland, die in öffentlichen Einrichtungen für die Kirche arbeiten. In Kindergärten, Schulen, Krankenhäusern und Altenheimen. Wie jeder kirchliche Angestellte hat sie mit ihrem Arbeitsvertrag unterschrieben, dass sie sich an die Regeln ihres Arbeitgebers zu halten hat. Dass sich die Einrichtung, in der sie arbeitet, als Teil der Kirche begreift und ihrem »Sendungsauftrag« dient. Dass sie als katholische Mitarbeiterin nicht nur die Grundsätze der katholischen Glaubens- und Sittenlehre anerkennt und beachtet, sondern dass sie auch ihr eigenes Leben im Sinne dieser Grundsätze führen wird, um die Glaubwürdigkeit der Kirche nicht zu gefährden.

Aber dann zerbrach ihre Ehe. Sie zog aus, verliebte sich und zog zu ihrem neuen Partner. Ein Verstoß gegen die Loyalität zu ihrem Arbeitgeber, entschied die katholische Kirche und kündigte ihr, wie anderen Angestellten zuvor. Weil sie neu geheiratet, sich offen zu ihrer Homosexualität bekannt oder ein uneheliches Kind bekommen hatten. All das widerspricht der Glaubens- und Sittenlehre der Kirche.

Bernadette Knecht ist also eine von vielen – und zugleich auch nicht. Denn in ihrem Fall gab es nicht nur sie und die Kirche, sondern auch Eltern, die sie unbedingt als Kindergärtnerin halten wollten. Denen ihre neue Beziehung egal war, weil sie ihre Arbeit so schätzten. Die für Bernadette Knecht stritten, die Kündigung rückgängig machen wollten und dabei etwas Überraschendes feststellten: dass die Kirche der Träger des Kindergartens ist, dass sie Personal aussucht, ihm kündigt und sich bevorzugt für katholische Kinder entscheiden kann, dass sie ihn aber gar nicht finanziert. Und dass das kein Einzelfall ist.

Dieses Buch begleitet die Eltern und Bernadette Knecht auf der einen und die Kirchenvertreter auf der anderen Seite durch ein besonderes Jahr. Es erzählt eine Geschichte, die wie eine Parabel für das Verhältnis zwischen Kirche und Staat steht; sie handelt von Konflikten, die Hunderttausende Menschen erleben – in konfessionellen Krankenhäusern, Schulen oder Altersheimen.

Der Fall von Bernadette Knecht und zahlreiche Beispiele aus dem ganzen Land erläutern, welche Sonderrechte die Kirche hat und wie sie begründet werden, was das für die Mitarbeiter bedeutet und für die Gesellschaft – und wer für dieses Modell bezahlt.

1.
»Schädliches Ärgernis«
Der Fall Rauschendorf

Rauschendorf ist ein Ortsteil von Stieldorf, Stieldorf gehört zu Königswinter und Königswinter liegt in der Nähe von Bonn. Wer nach Rauschendorf auf den Berg zieht, weiß, dass man sich hier auf der Straße grüßt. Wenn im August das Sommerfest im Hof des Kindergartens stattfindet, helfen alle beim Budenaufbau. Der Männergesangsverein zieht die roten Festtagswesten an und singt mit den Kindergartenkindern im Kanon. In Rauschendorf wohnen Familien, die Ruhe suchen. Die meisten, die hier wohnen, sind katholischen Glaubens. Rauschendorf hat zwar keine eigene Kirche, aber eine kleine Andachtskapelle im Ortskern und seit vierzig Jahren einen katholischen Kindergarten. Dieser befindet sich in einem roten Backsteingebäude mit Spitzdach. Auf dem Vorplatz steht eine alte Kastanie, in deren Schatten die Kinder im Sommer spielen. Über der Tür steht in Schreibschrift »Alte Schule«. Das Gebäude gehört der Stadt.

Seit vierzig Jahren arbeiten in diesem Haus katholische Erzieherinnen, sie beten mit den Kindern, feiern die Adventszeit und Ostern, basteln zu St. Martin Laternen und singen christliche Lieder. Gerade erst sind dieser Kindergarten und drei weitere der Region zu einem ›katholischen Familienzentrum‹ zusammengeschlossen worden und die Pfarrgemeinschaft hat den Eltern geschrieben, dass man sie und die Kinder nun noch intensiver religiös und seelsorgerisch begleiten könne.

Doch dazu kommt es nicht mehr. Denn im Herbst 2011 berichtet die Kindergartenleiterin einer Mutter, dass Pfarrer und Kirchenvorstand ihr mit der Kündigung drohten, weil sie mit ihrer neuen Beziehung nicht einverstanden seien. Dass sie vermutlich bald nicht mehr die Kindergartenleiterin sein werde.

Es ist der Tag, an dem im sonst so friedlichen Rauschendorf der Aufstand beginnt.

All das ist ein Jahr her. Es ist inzwischen Herbst 2012 und die Eltern, die sich fast zwölf Monate lang gegen die Kündigung ihrer Kindergartenleiterin gewehrt haben, sind heute noch einmal zusammengekommen. Sie wollen erzählen, was sich in ihrem Dorf abgespielt hat.

Der Treffpunkt ist, wie so oft im vergangenen Jahr, das Wohnzimmer von Canina und Peer Jung, deren Söhne auch in den Kindergarten gehen. Zu siebt sind sie heute hier, der harte Kern, auch Alice Ernst ist mit dabei. »Normalerweise ist der Elternbeirat nur dafür da, Kakao und Glühwein aufzuwärmen«, lacht sie. »Aber bei dieser Sache waren wir uns ziemlich schnell einig, dass wir das nicht so einfach hinnehmen wollen.« Sie zupft an ihrem schwarzen T-Shirt, wirft mit einem Schwung ihre braunen Locken nach hinten und setzt sich gerade hin. Alice Ernst hat in Bonn im Qualitätsmanagement einer Bank gearbeitet. Dann wollten sie und ihr Mann gerne viel Platz und einen Garten, so kamen sie nach Rauschendorf. Die Ernsts haben zwei Söhne und eine Tochter und nichts gegen ein viertes Kind.

Die Gastgeberin Canina Jung knipst die beiden kleinen Schirmlampen mit den Messingfüßen rechts und links vom leuchtend roten Sofa an. Es ist gemütlich in dem Raum mit den gelb gestrichenen Wänden. Auf dem massiven Holztisch findet sich die Grundausrüstung der vergangenen Zeit: Gummibärchen, Wasser, viel Kaffee, viel Papier. »Nehmt euch ruhig!«, ermuntert Peer Jung seine Gäste, schlägt die Beine übereinander und legt eine Mappe auf den Knien ab. Man kann nicht sagen, dass Canina und Peer Jung aussehen wie Revolutionäre. Peer Jung ist Insolvenzverwalter. Er trägt eine Nickelbrille und unter dem apfelgrünen Pulli ein rot-weiß kariertes Oberhemd. Seine Frau setzt sich neben ihn. Sie hat Verlagskauffrau in Hamburg gelernt. Die Söhne heißen Titus, Nepomuk und Florentin, sie schlafen im ersten Stock.

Peer Jung hat auf der Arbeit jeden Tag mit Menschen zu tun, die ihren Job verlieren, aber dieser Fall liegt anders. Denn Bernadette Knecht wurde nicht entlassen, weil die Firma pleite ist, sondern weil sie zu ihrem neuen Lebenspartner gezogen ist.

»Wir haben erst einmal schlicht nicht begriffen, warum die Kirche so entscheidet«, sagt Peer Jung und man merkt, dass ihn das alles auch ein Jahr danach noch ärgert. »Warum eine gute und geschätzte Kindergärtnerin gehen muss, wegen einer Sache, die unserer Meinung nach ihr

Privatleben betrifft und nicht ihre Arbeit. Aber wir sind auch keine Spezialisten in kirchlichem Arbeitsrecht beziehungsweise«, er lacht und verbessert sich, »wir waren keine Spezialisten in kirchlichem Arbeitsrecht.« Am Anfang habe es erst einmal nur Diskussionen unter den Eltern gegeben. Bei jedem Hinbringen, jedem Abholen der Kinder.

Die Elternschaft des Rauschendorfer Kindergartens ist gut gemischt. Es gibt klassische Familien, Alleinerziehende und Geschiedene. Es gibt vor allem Christen, aber auch Andersgläubige und Konfessionslose. Es gibt wie überall einige, die mehr, und andere, die weniger mit der Kirche zu tun haben. Bei allen aber sei der Tenor gewesen: Das kann doch nicht wahr sein.

»Frau Knecht ist wunderbar zu unseren Kindern. Ich finde es auch wesentlich wichtiger, dass die Qualität stimmt, als dass irgendwelche Vorgaben der Kirche gelebt werden«, betont Canina Jung. »Es geht der Kirche um die Heiligkeit der Ehe«, bemerkt Alice Ernst, die selbst katholisch ist. »Ich möchte einfach«, sagt Canina Jung, »dass unseren Kindern das Lebensmodell von Frau Knecht vorgelebt wird: Es ist schön, wenn eine Ehe hält, aber es kann eben auch anders kommen.« Und schon sind sie wieder in der Diskussion, mit der ihr Jahr begonnen hat.

Derjenige, der das alles ganz anders sieht, macht gerade einen Gang um seine Kirche. »Ja, es gibt hier schon ein paar schöne Dinge, die es nicht in jeder Pfarrei gibt«, stellt Pfarrer Udo Maria Schiffers fest. »Da unten zum Beispiel«, er zeigt in Richtung Dorf, »ist ein Wohnhaus für Behinderte, das der Caritasverband betreibt.« Er geht ein paar Schritte weiter. »Die Behinderten sind in unserer Gemeinde sehr gut integriert.« Zwischen der Kirche und den Gräbern des Friedhofs ist nur ein guter Meter Platz. Direkt an der Rückwand liegt die Priestergrabstätte. Pfarrer Schiffers bleibt vor zwei noch leeren Grabstellen stehen. »Ja und da oder dort, je nachdem, wer vorher stirbt, komme ich mal zu liegen.« Er lächelt.

Auch wenn er gerne über den Friedhof geht, ist Pfarrer Schiffers kein Mann, der Gesellschaft scheut. Er fährt regelmäßig mit seiner Motorradgruppe durch ganz Europa, geht schwimmen, und er ist stolz auf seine Gemeinde. »Wir haben hier ein sehr reiches Gebetsleben. Tägliche Rosenkranzandachten im Oktober, tägliche Maiandachten im Marienmonat. Da kommen so zwanzig bis vierzig Leute hin.« Das sei eine ungebrochene Tradition. »Aber sonst sind wir hier auch keine Insel der Seligen«, erklärt er. Bei der letzten Kommunionsfeier sorgte Pfarrer Schiffers im Ort für Aufregung, weil er drohte, den Gottesdienst abzubrechen, wenn es in der Kirche nicht ruhiger würde. Einige Familien verließen daraufhin empört das Gebäude. »Wenn man die heilige Messe nicht achtet, kann man es auch lassen«, begründet der Pfarrer sein Handeln. Seit dreißig Jahren ist er hier. »Manchmal denke ich, dass von den Brautleuten, die ich vorbereitet und getraut habe, ein paar mehr durchhalten als anderswo, weil ich ihnen einige Dinge aus langer seelsorgerischer Erfahrung mit auf den Weg gebe. Aber ich führe da nicht Buch drüber, deshalb ist das nur ein Eindruck oder eben eine Einbildung.«

Die Kindergartenleiterin Bernadette Knecht hat nicht

durchgehalten. Darum ist sie vor einem Jahr, im Herbst 2011, zu ihm gekommen und hat um Rat und Hilfe gebeten.

»Wenn es gar nicht mehr geht, darf man ja auseinandergehen«, meint Pfarrer Schiffers. »Aber da kenne ich aus meiner Kindheit ein paar Fälle, wo Leute, ohne wieder zu heiraten, tapfer durchgehalten haben, auf eine sehr vorbildliche Art und Weise. Also das geht schon.« Genau das habe er Frau Knecht auch geraten. »Wenn sie keine Möglichkeit sieht, bei ihrem angetrauten Mann zu bleiben, hätte ich ihr gewünscht, dass sie es schafft, alleine zu bleiben.« Der Pfarrer läuft weiter das Kirchengelände entlang. »Der eigentliche Fehler ist nicht, dass sie ausgezogen ist aus der bestehenden Ehe, sondern dass sie eingezogen ist bei einem neuen Partner.« Das sei das Problem. Damit habe sie gegen die christliche Grundordnung verstoßen und die sei eben Bestandteil ihres Arbeitsvertrages. »Wenn ein Kindergarten eine katholische Einrichtung ist, dann ist es wichtig, dass das Personal, besonders das leitende Personal, nicht nur unsere Glaubensauffassungen vertritt, sondern auch selbst lebt.«

Das ist nicht nur die Überzeugung von Udo Maria Schiffers, sondern auch die der katholischen Kirche und deshalb schreibt der Pfarrer nach seinem Gespräch mit Bernadette Knecht einen Brief an das Erzbistum Köln. Im Betreff steht »Kita Rauschendorf – Kündigung wegen Gefahr des Ärgernisses«.

Schiffers skizziert darin die neue Lebenssituation seiner Angestellten, also dass Bernadette Knecht und ihr neuer Partner entschlossen seien, »ihr gemeinsames Leben fortzusetzen«. Weiter führt er aus, dass das Kindergarten-Team bereits Bescheid wisse, weil Bernadette Knechts neuer Partner als Kirchenvorstand der Gemeinde für die Einrichtung zuständig und dort oft zu sehen sei. Deshalb lasse »sich die neue Beziehung der beiden nicht verbergen«. Trotz des Verzichts auf zivile Eheschließung sei die Gefahr eines »schädlichen Ärgernisses« gegeben, wenn Frau Knecht weiterhin die betreffende Einrichtung leite. Das Schreiben schließt er mit den Worten: »Da wegen der besonderen Qualität der Kita Rauschendorf und der Beliebtheit der Leiterin Frau Knecht mit Unruhen zu rechnen ist, bitte ich um eine Bestätigung, dass die Auflösung des Arbeitsvertrages mit Frau Knecht unumgänglich ist. Mit – leider recht bedrückten – Grüßen, Udo M. Schiffers.«

Jede dritte Ehe in Deutschland geht auseinander. Normalerweise interessiert das den Arbeitgeber nicht. Aber bei der katholischen Kirche gilt: Wenn die Ehe scheitert, ist der Job in Gefahr. Denn eine neue Beziehung nach einer katholisch geschlossenen Ehe ist einer von vielen möglichen Kündigungsgründen, die über die sogenannte Grundordnung des kirchlichen Dienstes im kirchlichen Arbeitsrecht festgelegt sind. Woher kommt dieses besondere Recht? Und für wen gilt es?

Insgesamt arbeiten etwa 1,3 Millionen Menschen in Deutschland für die beiden großen Kirchen. Damit sind sie der größte Arbeitgeber des Landes nach dem Staat. Im sozialen Bereich beherrschen die beiden christlichen Kirchen den Markt, auf dem Land haben sie sogar oft das

Monopol. Das betrifft vor allem die Kinderbetreuung, die Krankenpflege und die Weiterbildung.

So war das nicht immer: Noch 1950 hatten sie nur 260 000 Mitarbeiter und die Hälfte davon waren Pfarrer, Priester und Ordensangehörige. Heute sind es weit über eine Million Menschen, die für die Kirche arbeiten, und der Anteil an geweihtem Personal liegt bei unter fünf Prozent.

Die Kindergartenleiterin Bernadette Knecht gehört nicht zu den fünf Prozent, sondern zu den fünfundneunzig Prozent »zivilem« Personal der Kirche. Sie ist zwar gläubige Christin, aber keine Ordensschwester, die ihre Arbeit und ihr Leben als Erfüllung eines christlichen Auftrags sieht. Trotzdem betrifft auch Bernadette Knecht das besondere kirchliche Arbeitsrecht. Denn auch wenn das Ordenspersonal zunehmend aus Kindergärten, Schulen, Krankenhäusern und Altenheimen schwindet, sind die Grundlagen für die Angestellten in den christlichen Häusern damals wie heute dieselben. Für Hunderttausende gilt ein Recht, das sich erheblich von dem aller anderen Arbeitnehmer in Deutschland unterscheidet. Denn die Kirche versteht sich und ihre Arbeitnehmer bis heute als Gemeinschaft von Gläubigen, als sogenannte Dienstgemeinschaft. Sie geht davon aus, dass alle, die Teil dieser Gemeinschaft sind, das gleiche Anliegen haben, im Auftrag Gottes arbeiten und deshalb mit Streit eher nicht zu rechnen ist. Wenn es doch Konflikte gibt, sollen diese ohne Druck von außen innerhalb der Gemeinschaft beigelegt werden.

Aus diesem Grund halten sowohl die katholische wie

auch die evangelische Kirche ein Streikrecht für ihre Arbeitnehmer für unangebracht. Statt eines Betriebsrates gibt es lediglich Mitarbeitervertretungen und die Löhne werden auch nicht über Tarifverhandlungen mit Gewerkschaften festgesetzt, stattdessen regeln dies die Mitarbeiter selbst in Gremien, die zu gleichen Teilen aus den Reihen der Arbeitgeber und der Arbeitnehmer besetzt sind.

Rechtlich sind diese schwächeren Mitbestimmungsrechte unter anderem möglich, weil das Betriebsverfassungsgesetz für die Kirchen und ihre Einrichtungen nicht gilt. Die Ausnahmeregelung findet sich in den Bestimmungen selbst in Paragraf 118, Absatz 2. Dort steht: »Dieses Gesetz findet keine Anwendung auf Religionsgemeinschaften und ihre karitativen und erzieherischen Einrichtungen unbeschadet deren Rechtsform.« Zwar gilt das Gesetz auch für Tendenzbetriebe wie Parteien oder Interessenverbände nur eingeschränkt, da die Mitarbeiter sich dort verpflichten, hinter der Linie ihres Arbeitgebers zu stehen, der ein bestimmtes Ansinnen verfolgt. Aber nur bei den Religionsgemeinschaften finden die Regelungen überhaupt keine Anwendung. Das bedeutet: Der Staat hat keinerlei Einfluss darauf, wie die Kirchen die Mitbestimmungsrechte ihrer Mitarbeiter regeln. Dies wurde erst 1952 unter Konrad Adenauer beschlossen. Im Betriebsrätegesetz der Weimarer Republik gab es diese Einschränkung nicht.

Ein weiteres Gesetz, das für die Kirchen Ausnahmen macht, ist das Allgemeine Gleichbehandlungsgesetz, das Arbeitnehmer in Deutschland vor Diskriminierung schützen soll. In Paragraf 9 Absatz 2 steht, dass Religionsgemeinschaften und Vereinigungen, »die sich die gemeinschaftliche Pflege einer Religion oder Weltanschauung zur Aufgabe machen«, das Recht haben, »von ihren Beschäftigten ein loyales und aufrichtiges Verhalten im Sinne ihres jeweiligen Selbstverständnisses verlangen zu können«. Diese Ausnahme gibt den Kirchen als Arbeitgeber die Möglichkeit, Religionszugehörigkeit zum Einstellungskriterium zu machen. Zum anderen ist dadurch legitimiert, dass auch das Verhalten der Arbeitnehmer außerhalb des Dienstes in einer kirchlichen Einrichtung zum Loyalitätsverstoß erklärt werden kann.

Natürlich ist es nicht ungewöhnlich, dass ein Arbeitgeber von seinen Beschäftigten eine gewisse Loyalität erwartet. Aber besonders bei der katholischen Kirche reichen die Verpflichtungen, denen die Mitarbeiter mit ihrem Arbeitsvertrag zustimmen, weit ins Privatleben.

Die Geschichte von Bernadette Knecht ist solch ein Beispiel. Mit ihrer neuen Beziehung hat sie gegen das sechste Gebot verstoßen: Ehebruch. Damit hat sie ihre Loyalitätspflicht verletzt. Bernadette Knecht wurde – wie Pfarrer Schiffers es sagte – gekündigt, um die Gefahr eines »schädlichen Ärgernisses« für die christliche Gemeinschaft zu vermeiden.

Nicht weit von Rauschendorf entfernt geht im Herbst 2012 im Wald des Siebengebirges das Paar spazieren, das in den Augen der katholischen Kirche kein Paar sein darf.

Es ist nass und kalt. Aber diesen Spaziergang machen Bernadette Knecht und Josef Griese mindestens einmal in der Woche, egal wie das Wetter ist. Die beiden gehen zügig, sie kennen den Weg gut. Wenn es hier und da steinig wird, halten sie sich an der Hand. Josef Griese ist fast zwei Köpfe größer als Bernadette Knecht. An diesem Tag trägt er Gummistiefel und einen Parka, er ist gerne an der frischen Luft. Er arbeitet hier ganz in der Nähe, als Verwalter am Institut für Tierwissenschaften, Tierzucht und Tierhaltung der Uni Bonn. In der Region ist Josef Griese bekannt, denn er ist nicht nur im Kirchenvorstand, sondern auch CDU-Fraktionsvorsitzender von Königswinter.

Auf seinem Weg bleibt das Paar an einem kleinen Teich stehen. »Wir haben uns über den Kindergarten kennengelernt«, erinnert sich Josef Griese. »Bernadette ist vor fast neun Jahren dorthin gekommen, ich bin wenige Monate später in den Kirchenvorstand gewählt worden und hatte die Aufgabe, die Kindergärten zu verwalten.« Lange Zeit kannten sich beide nur über den Job, sie verstanden sich gut und arbeiteten zusammen. Dann trennte sich Bernadette Knecht von ihrem Mann, zog in eine eigene Wohnung und verliebte sich neu. Was nicht ungewöhnlich klingt, war für das Paar kein leichter Weg.

»Ich habe mich immer an die Zehn Gebote gehalten«, betont Bernadette Knecht. »Mein Leben lang. Als ich vor einigen Jahren schon einmal vor der Entscheidung stand, meinen Mann zu verlassen, habe ich ein Beichtgespräch geführt und mich entschieden, bei ihm zu bleiben. Gott hat es so gewollt, habe ich mir gesagt.« Sie sei ein tiefgläubiger Mensch. Aber irgendwann sei die Ehe am Ende gewesen. »Es geht nicht immer so, wie Gott es gewollt hat. Für mich hätte es keinen anderen Weg gegeben.« Josef Griese nickt ihr zu. Nachdem Bernadette Knecht ihr Gespräch beim Pfarrer hatte, war auch Josef Griese dort. Viel möchte er zu diesem Treffen nicht sagen, nur das: Er habe danach seine Ämter in der Kirche niedergelegt. »Als ich mich von meiner ersten Frau getrennt habe, hatte ich bereits ein ähnliches Erlebnis. Auch damals hatte ich das Gefühl, in der Gemeinde ein Außenstehender zu sein. Ich habe dem Pfarrer gesagt: ›Das passiert mir nie wieder.‹«

Damit war die Sache für Josef Griese vorbei, doch für Bernadette Knecht ging sie erst los. Denn sie sollte ihre Stelle verlieren. »Schädliche Ärgernisse müssen natürlich sofort entlassen werden«, resümiert Bernadette Knecht und erzählt, wie es war, den Brief des Pfarrers an das Bistum zu lesen. Udo Maria Schiffers selbst hat ihn ihr gegeben. »In der Zeit danach ging es mir sehr schlecht. Ich habe mein Leben reflektiert und gedacht: Was für ein Mensch bin ich? Bin ich wirklich schädlich? Für wen bin ich schädlich?« Sie macht eine Pause. »Das ist mir ganz lange hinterhergelaufen, und das wird mich ein Leben lang begleiten: ein ›schädliches Ärgernis‹ zu sein. Als solches von der Kirche betitelt zu werden.«

2.
Keine echten Katholiken
Wenn Kirche auf Wirklichkeit trifft

Während das Bistum Köln im Herbst 2011 beginnt, sich mit der »Personalsache Knecht« zu beschäftigen, beschließen die Eltern des Rauschendorfer Kindergartens, mehr zu tun, als nur zu diskutieren. Peer Jung, Alice Ernst und die anderen Mitstreiter lassen sich Termine beim Bürgermeister und beim Leiter des städtischen Jugendamtes geben. Außerdem laden sie alle Parteien ein, um ihnen von der Situation der Kindergartenleiterin zu berichten. Nicht ohne Grund wenden sie sich an die Politik. Immerhin ist der Kindergarten eine öffentliche Einrichtung. Darüber hinaus besuchen sie sämtliche Vereine im Ort, um so viele Unterstützer wie möglich für ihre Sache zu gewinnen. Schließlich beginnen sie, Unterschriften für den Verbleib von Bernadette Knecht in ihrem Kindergarten zu sammeln. Am Ende haben nicht nur alle aktuellen Kindergarteneltern, sondern auch die neu angemeldeten den Aufruf unterschrieben.

Zunächst seien die Begegnungen mit der Stadtverwaltung sehr frustrierend gewesen, erinnert sich Alice Ernst im Wohnzimmer von Canina und Peer Jung. Es ist dunkel geworden draußen, die Babysitter in den umliegenden Häusern verdienen gut an diesem Abend, aber die Eltern wollen ihre Geschichte weitererzählen. »Uns wurde einfach gesagt«, berichtet Alice Ernst, »dass die Stadt keinerlei rechtliche Handhabe gegen die Kirche als Träger der Einrichtung habe. Die Stadtverwaltung könne im Grunde nur dann eingreifen, wenn das ›Kindeswohl gefährdet‹ sei.« Alles andere sei gültiges Kirchenrecht und stehe in Bernadette Knechts Arbeitsvertrag. »Der Bürgermeister hat uns zunächst nur den Rat gegeben, noch einmal mit dem Pfarrer zu sprechen«, ergänzt Peer Jung. »Vielleicht könnten wir als Eltern die Kirche überzeugen, die Entscheidung rückgängig zu machen. Natürlich haben wir uns sehr darüber gewundert, dass eine Stadt so wenig Einfluss auf ihre Kindergärten hat«, erinnert er sich. »Es fühlte sich an, als wolle man uns vorschicken. Aber wir haben damals auch eine Chance darin gesehen, selbst mit dem Pfarrer zu sprechen.«

Deswegen beschließen die Eltern im November 2011, einen Brief an den örtlichen Kirchenvorstand aufzusetzen. Auf fünf Seiten stellen sie der Kirche ein vorbildliches Zeugnis für ihre Mitarbeiterin Bernadette Knecht aus. »Es gibt Menschen, die nicht einfach austauschbar sind«, schreiben sie. »Frau Knecht engagiert sich persönlich auch außerhalb der Arbeitszeiten in vorbildlicher Weise und wird überall sehr geschätzt. Ihr ist es gelungen, die Elternschaft des Kindergartens und weitere Gemeindemitglieder zu motivieren, sich ebenfalls für das Allgemeinwohl einzusetzen und zahlreiche Projekte zu unterstützen, die sie persönlich angestoßen hat.« Die Eltern berichten den Kirchenvorständen von Benefizkonzerten, die lokale Musiker gemeinsam mit den Kindergartenkindern gegeben haben. Von einer CD zugunsten schwer kranker Kinder, die die Leiterin aufgenommen hat. Von den Musical-Darbietungen der Kindergartenkinder, von Konzerten in Kirchen und Seniorenheimen. »Frau Knecht begleitet seit Jahren fast jeden Kindergottesdienst musikalisch. Das ist der Hauptgrund für den großen Zuspruch dieser Gottesdienste unter den Eltern und Kindern.« Weiter heißt es: »Der Bürgerverein, der Männergesangsverein, das Seniorenheim, die Kirche und die Bewohner vor Ort: Sie alle werden einen lieb gewordenen, engagierten Menschen für die Gemeinde verlieren. Hieran kann niemand interessiert sein.«

Wer diesen Brief liest, bekommt den Eindruck: Etwas Besseres als Bernadette Knecht kann der Kirche in ihrem Kindergarten gar nicht passieren. »Genau so ist es«, sagt Peer Jung und legt seine Aktenmappe auf den Wohnzimmertisch. »Die Kirche als Träger der Einrichtung war für mich immer nur ein Stempel auf dem Briefbogen, sonst nichts.« Das, was für ihn wirklich Kirche ausmache, würden Frau Knecht und ihre Mitarbeiter repräsentieren.

»Wir stehen uneingeschränkt hinter Frau Knecht und sind bereit, für ihren Verbleib zu kämpfen«, beenden die Eltern ihr Schreiben und fügen noch einen konkreten Lösungsvorschlag an, der ihnen zu dieser Zeit überhaupt nicht abwegig erscheint. Wenn augenscheinlich derart viele Eltern gegen die Entscheidung der Kirche sind, so denken sie sich, dann müsste doch eigentlich nicht Frau Knecht, sondern die Kirche selbst den Kindergarten verlassen. Je mehr sie darüber reden, umso logischer erscheint ihnen dieser Weg und so schlagen die Mütter und Väter der Kirche vor, die Einrichtung an einen anderen Träger abzugeben. So könne man sich »statt eines potenziellen Aufruhrs, bereits angedrohten Kirchenaustritten, eines sicherlich erheblichen Imageschadens und einer Beeinträchtigung des Gemeindelebens Respekt und Anerkennung für eine elegante und menschliche Lösung der Problematik verdienen«.

Zuversichtlich, gute Argumente zusammengetragen zu haben, warten die Eltern auf eine Reaktion.

Das Schreiben findet seinen Weg zu Pfarrer Schiffers und bald darauf kommt es im Rauschendorfer Kindergarten zu einem Treffen zwischen Kirche und Eltern, das beide Seiten nicht vergessen werden. Am Tag vor Nikolaus, kurz nach acht Uhr abends, setzen sich die Eltern zwischen Bauklötze und Bilderbücher, dorthin, wo sonst ihre Kinder spielen, und warten auf den Pfarrer.

Sie haben im Nachhinein ein fünfseitiges Protokoll zu diesem Abend geschrieben, müssen aber nicht auf die Zettel gucken, um sich zu erinnern. »Das war ganz furchtbar«, sagt Alice Ernst. Sie blickt in die Runde der Eltern und trifft auf Zustimmung.

Der Pfarrer kam nicht allein in den Kindergarten, er wurde von einem Juristen begleitet. Thomas Schulte-Beckhausen ist Anwalt in Köln und einer der zehn Kirchenvorstände der Region um Rauschendorf. Diese zehn bilden zusammen die Laienverwaltung des Gemeindeverbandes, der auch über Personalfragen wie die von Bernadette Knecht entscheidet.

»Herr Schulte-Beckhausen hat ziemlich schnell gesagt, dass sie auf der letzten Sitzung schon über unsere Idee, den Kindergarten abzugeben, gesprochen und sich mehrheitlich dagegen entschieden hätten«, erinnert sich Canina Jung. »Ja, und dann ging's richtig los«, fährt Alice Ernst fort. »Wir haben entgegnet: ›Wir alle hier fordern zu einhundert Prozent einen Wechsel des Trägers. Warum zählt das für Sie nicht? Warum dürfen die Eltern nicht mitentscheiden?‹« – »Da hat der Pfarrer zu uns gesagt, wenn wir mit alldem nicht einverstanden seien, sollten wir doch unsere Kinder abmelden!«, Peer Jungs Stimme überschlägt sich fast. »Es gab überhaupt keinen Dialog«, ergänzt Alice Ernst und zieht die Augenbrauen hoch. Die anderen nicken erbost. »Man wurde abgespeist mit Unverschämtheiten«, fügt sie an.

Der Fortgang des Abends liest sich im Protokoll der Eltern so:

Eltern: Wir sind empört, dass die Christen Menschlichkeit und Solidarität predigen und dann zu einer solchen Entscheidung fähig sind und gegen eine gesamte Gemeinde entscheiden können.
Kirche: Seitens des Kirchenvorstandes sind alle Argumente abgewogen worden.
Eltern: Warum stimmt die Kirche dann dem Trägerwechsel nicht zu?

Kirche: Weil die Kinder zum katholischen Glauben erzogen werden sollen.
Eltern: Aber wir schicken unsere Kinder vorrangig wegen Frau Knecht in den Kindergarten.
Kirche: Ja, aber das interessiert den Träger nicht. Frau Knecht kann nicht weiter im Kindergarten arbeiten, weil sie laut Kirchengesetz und Arbeitsvertrag nicht bleiben kann.
Eltern: Nach einer solchen Vorgeschichte hat in unserem Kindergarten niemand mehr Interesse am katholischen Glauben.
Kirche: Aha, so ist das also.

»Dieser Umgang mit uns ...«, setzt Peer Jung an, er muss den Satz gar nicht beenden, die anderen Eltern nicken schon. »Ich muss sagen, dass ich Schwierigkeiten damit habe, wenn mich jemand nicht ernst nimmt. Nein, ich bin nicht irgendein Hanswurst, der sagt: ›Jawohl, du bist der Pfarrer‹, ich treffe in meinem Beruf jeden Tag weitreichende Entscheidungen. Und dann entgegnen die mir, ich solle die Obrigkeit nicht infrage stellen.« – »Was ich schlimm finde, ist der Satz, dass wir nur das kurzfristige Problem seien. Also das hat dem Fass den Boden ausgeschlagen«, empört sich Marie Theres Gehling, die auch an diesem Abend dabei war. Auch sie ist im Elternbeirat, auch sie hat drei kleine Kinder, zwei davon besuchen den Kindergarten. »Als ich mit Johanna, die damals drei Monate alt war, da saß und es hieß, wir seien nur das kurzfristige Problem. In zwei Jahren seien wir alle weg.« – »Das war ja das Kalkül«, beschließt Peer Jung das Thema: »Einfach aussitzen.«

Die Anwaltskanzlei in Köln, in der Kirchenvorstand Thomas Schulte-Beckhausen Partner ist, hat ein repräsentatives Sitzungszimmer: ein Glastisch, edle Stühle aus Chrom und Leder, zwei kindshohe beigebraune Standvasen mit unempfindlichen Topfpflanzen, moderne Kunst in Blau, wandfüllend. Auf dem Tisch Kreisel mit Erfrischungsgetränken, eine Kaffeekanne. Außerdem – unbezahlbar – ein direkter Blick durch die Glasfront auf den Rhein, auf die vorbeifahrenden Schiffe, die Messehallen.

»Mein Büro geht nach hinten raus«, sagt Thomas Schulte-Beckhausen und lächelt. Aber immerhin sei es wie im Höhlengleichnis, der Rhein spiegele sich auch für ihn sichtbar in den Fenstern eines angrenzenden Hotels. Der Anwalt hat an diesem Tag im Herbst 2012 nicht viel Zeit, aber er will seine Sicht der Dinge schildern.

Er erinnere sich noch gut daran, wie ihn Pfarrer Schiffers im Jahr zuvor im Urlaub angerufen habe, um ihm mitzuteilen, dass die Leiterin des Rauschendorfer Kindergartens bei seinem Kirchenvorstandskollegen Griese eingezogen sei. »Das hätte man wirklich nur noch dadurch toppen können, dass sie gleich zum Pfarrer zieht«, bemerkt Schulte-Beckhausen verschmitzt und wird gleich wieder ernst, um zu erklären, was für ihn das grundlegende Problem an der ganzen Sache ist. »Wenn das jetzt die Putzfrau gewesen wäre, hätte kein Hahn danach gekräht«, führt er aus. »Aber Frau Knecht hat eine Vorbildfunktion und kommt in ihrer Stellung als Kindergartenleitung nicht weit hinter dem Pfarrer. Sie soll schließlich den Kindern unseren Glauben vermitteln, wichtige Dinge weitergeben. Wie soll das gehen, wenn sie sich persönlich nicht an die Regeln hält?« Obendrein sei ihr neuer Lebenspartner auch noch selbst im Kirchenvorstand. Thomas Schulte-Beckhausen atmet tief ein.

Dann erzählt auch er von dem Abend im Kindergarten. Zwar sei die Wortwahl der Eltern etwas übertrieben und das Protokoll etwas scharf formuliert, aber im Grunde sei es richtig. Was nicht stimme, sei, dass man die Eltern nicht ernst nehme. »Wir haben im Kirchengemeindeverband sehr ausführlich über die Idee eines Trägerwechsels gesprochen«, betont er. »Wenn wir darüber nachdenken, dann auch vernünftig.« Aber schließlich sei man sich einig gewesen, dass man keinen Kindergarten aufgeben könne, nur weil es im Personalbereich ein Problem gebe. Er habe den Eindruck gehabt, da sei Personenkult betrieben worden. Als sei das ganze Dorf davon abhängig, dass Bernadette Knecht die Leiterin im Kindergarten bleibe. Als gäbe es keinen Ersatz. Er könne die Aufregung nicht verstehen. »Noch zwei Jahre, dann sind die Kinder dieser Eltern nicht mehr im Kindergarten. Was ist denn in drei Jahren? Kann ich davon ausgehen, dass die neuen Eltern mit den Lebensumständen von Frau Knecht einverstanden sind? Da muss man doch langfristiger denken!« Thomas Schulte-Beckhausen wird kurz etwas lauter, kommt aber genauso schnell wieder zur Ruhe. »Wir bedauern die Situation auch. Aber schließlich handelt es sich um geltendes Recht.«

Als es im Gemeindeverband – noch vor dem Treffen mit den Eltern – die Abstimmung zu einem Trägerwechsel, zu der Frage, ob man die Einrichtung von sich aus aufgeben wolle, gegeben habe, sei es nicht mehr nötig gewesen, um

Handzeichen zu bitten. »Es war klar, dass die Mehrheit dagegen war.«

Das Elternprotokoll vom Abend im Kindergarten endet wie folgt:

> *Eltern:* Das Gemeindeleben wird Schaden nehmen. Es werden Leute austreten, wenn Frau Knecht gekündigt wird.
> *Pfarrer Schiffers:* Die echten Katholiken werden die Haltung der Kirche nachvollziehen können und stehen hinter ihr. Diejenigen, die Konsequenzen ziehen, sind keine echten Katholiken, auf die kann die Kirche verzichten.
> *Eltern:* Bis heute haben wir stillgehalten und auf ein Einsehen seitens der Kirche gehofft, jetzt werden wir aktiv.

Im Herbst 2012 betritt Pfarrer Schiffers seine Kirche und sucht nach den richtigen Knöpfen, um die Alarmanlage auszuschalten. »Soll ich das Licht anmachen?«, fragt er. Die Kirche ist menschenleer. Monatelang sei er auf dieses Thema angesprochen worden, überall, sogar im Schwimmbad, erzählt er, nachdem er sich bekreuzigt und in einer der vorderen Kirchenbänke Platz genommen hat. »Viele haben mir gesagt, dass es mich nichts angehe, was Frau Knecht privat zu Hause mache.« Man habe ihm gesagt, dass Frau Knecht trotzdem eine gute Kindergärtnerin sein könne, dass ihre private Situation nichts mit ihrer Arbeit zu tun habe. »Aber aus unserer Sicht gibt es für einen Christen kein Privatleben.« Pfarrer Schiffers holt Luft. Das, was jetzt kommt, hat er schon oft zu erklären versucht. »Als Kindergartenleiterin soll Frau Knecht ein Vorbild sein, auch für die Eltern. Christ ist man nicht nur für sich selbst, sondern für alle anderen ebenso. Der Herrgott ist für uns ein Gott der Treue und daher verstehen wir die Ehe als ein Abbild des Bundes Gottes mit den Menschen. Deshalb ist sie uns heilig.«

»Auf Katholiken wie Sie kann ich verzichten« – hat Udo Maria Schiffers das tatsächlich zu den Eltern gesagt? »Auch bei den katholischen Eltern fehlt vielfach das Verständnis für die Heiligkeit der Ehe«, antwortet er. »Genauso, wie sie nicht mehr verstehen, dass es eigentlich das Selbstverständlichste der Welt ist, jeden Sonntag in die Messe zu ›gehen‹. Er handele ja nicht so, weil er Sorge habe, sonst vom Bischof die Brötchen nicht mehr bezahlt zu bekommen, sondern weil er dahinter stehe. Es entspreche seinen Überzeugungen, betont der Pfarrer. Und damit sei er nicht allein: »Es hat genug Leute gegeben, die mir schriftlich wie mündlich gesagt haben: ›Herr Pfarrer, bleiben Sie stark.‹ Die also das Glaubensbewusstsein voll teilen und auch selbst leben.« Er sei kein Einzelkämpfer. »Aus der ganzen Republik habe ich positive Zuschriften bekommen, letztens noch von einem pensionierten evangelischen Pfarrer aus Brandenburg. Für jemanden, der an die Heiligkeit der Ehe glaubt, ist unsere Entscheidung kein Problem.«

Das große Treffen am Nikolausvorabend 2011 im Kindergarten bleibt nicht der einzige Versuch der Eltern, eine Lösung zu finden. Es gibt noch eine Zusammenkunft im kleinen Kreis mit dem Elternbeirat, dem Pfarrer und den anderen Angestellten des Kindergartens. Auch dieses Treffen findet abends im Kindergarten statt. Ohne Einigung.

Außerdem schreiben die Rauschendorfer Vereine – der Männergesangsverein, der Turnverein, der Bürgerverein, der Brauchtumsverein und der Verein »Neues Rauschendorf« – gemeinsam an den Pfarrer und die Kirchenvorstände. Sie erwähnen, dass sie das Kindergartengebäude zum Proben nutzen und als Gegenleistung regelmäßig kleine Handwerksarbeiten im Gebäude und auf dem Gelände übernehmen. All das komme nur durch Frau Knecht zustande, deshalb wolle man die Eltern unterstützen. »Wir bitten Sie und besonders Herrn Pfarrer Schiffers, den Weg für einen Trägerwechsel möglich zu machen«, formuliert der Geschäftsführer des Männergesangsvereins »Gemütlichkeit Rauschendorf«.

In den Wochen vor Weihnachten 2011 beschließen einige Eltern, persönliche Briefe an Udo Maria Schiffers zu schicken. So wie diesen: »Dass gerade diese Frau gezwungen ist, ihre berufliche Existenz und ihr Herzensprojekt aufzugeben, weil ihr Privatleben sich – zu ihrem eigenen größten Unglück – anders entwickelt hat, als jeder von uns es sich wünscht, lässt uns alle fassungslos und mit echten, tief greifenden Zweifeln zurück.« Weiter heißt es: »Es mag für die katholische Kirche auf den ersten Blick als ein Verlust erscheinen, den Kindergarten aufzugeben. Seien Sie sich aber sicher, dass das Gegenteil der Fall ist: Sie gewinnen den Respekt der ganzen Gemeinde.«

Schließlich kommt es zu einem weiteren Treffen zwischen vier Müttern und Vätern und den zehn Kirchenvorständen. »Ich bin naiv dahin gegangen«, sagt Alice Ernst heute. »Ich habe gedacht, man könne dort miteinander diskutieren.« Sie hätten alle um einen langen Tisch herum gesessen, der Pfarrer und Thomas Schulte-Beckhausen hinten, die anderen Kirchenvorstände rechts und links, die vier Eltern am Kopfende. Peer Jung habe zu Beginn noch einmal die Argumente der Eltern vorgebracht, erinnert sie sich weiter. Dann hätten die drei Mütter gesprochen. Sie selbst habe eine Geschichte erzählt aus der Zeit, als ihr Vater gestorben sei. »Ich habe damals nicht gewusst, wie ich meinen Kindern beibringen soll, dass ihr Großvater stirbt. Frau Knecht hat sich da unglaublich viel Zeit für uns genommen. Sie hat mir geholfen, mir Kontakte vermittelt, obwohl das gar nicht ihre Aufgabe ist. Ich habe das in dieser Runde erzählt und musste da wirklich schwer mit den Tränen kämpfen.« Daraufhin habe einer der Kirchenvorstände gesagt: »Jetzt drücken Sie auch noch auf die Tränendrüse.« Alice Ernst ist heute noch irritiert. »Da habe ich gemerkt, dass man mit denen nicht reden kann.« Sie seien als Eltern etwas unbedarft gewesen zu glauben, dort wirklich etwas ausrichten zu können. »Aber am Anfang haben wir immer gedacht, die müssen etwas nicht wissen, die können nur schlecht informiert sein, sonst würden sie nicht so entscheiden.« Nach diesem Abend, betont Alice Ernst, sei ihr klar gewesen, dass der Pfarrer und die Kirchenvorstände niemals von ihrer Position abrücken würden. Egal wie groß der Protest in der Gemeinde sei. Es sollte der letzte Gesprächsversuch bleiben.

Pfarrer Schiffers legt seine Jacke neben sich auf die Kirchenbank. »Nach den ersten Treffen kam immer die Rückmeldung von den Eltern, es müssten neue Gespräche her«, berichtet er. »Wir hatten dann irgendwann den Eindruck, dass sie so lange mit uns reden wollen, bis wir nachgeben.« Die Eltern hätten weiterhin geglaubt, dass die Kündigung von Bernadette Knecht noch zur Diskussion stehe. Das sei aber nie so gewesen. Er und die anderen Kirchenvertreter hätten die Eltern im Grunde nur wieder und wieder über ihre Entscheidung informieren können. Mehr nicht.

Einhundert Prozent der Eltern gegen einhundert Prozent des Kirchenvorstandes. »Das zeigt, wie groß die Kluft zwischen Basis und Autorität geworden ist«, sagt ein katholischer Theologe, der seinen Namen nicht nennen will. Am Telefon bittet er sogar darum, das Gespräch nicht mitzuschneiden. »Aufschreiben ja, aufzeichnen nein.« Schließlich sei die Kirche sein Arbeitgeber, er wolle nicht unnötig provozieren. Aber anonym könne er etwas zu dieser Sache beitragen.

»Die Kirche hat immer über Befehl und Gehorsam funktioniert«, erläutert der Professor der Theologie. Das Ziel sei zu jeder Zeit gewesen, das Moralische und das Rechtliche zur Übereinstimmung zu bringen. Aber die Kirche sei eben auch immer eine hierarchische Macht im Sinne ihrer Glaubenslehre gewesen.

Lange habe das zwischen »Schafen« und »Hirten« funktioniert: »Wenn du sündigst, etwa deine Ehe brichst, wird dir im Gottesdienst die Kommunion verweigert oder Ähnliches.« Bei einer selbstbewussten jungen Elterngeneration komme man aber mit Begriffen wie »Obrigkeit« heutzutage in Schwierigkeiten. Da widersprächen selbst die katholischen Eltern, wenn sie ein Urteil rational nicht nachvollziehen könnten. Das lasse sich mit Zahlen belegen: Je jünger die Menschen in Deutschland seien, desto weniger hätten sie mit der christlichen Kirche zu tun.

Noch 1970 waren 93,6 Prozent der deutschen Bevölkerung evangelisch oder katholisch und nur 3,9 Prozent ohne Religionszugehörigkeit. 1987 waren dann schon 15,5 Prozent nicht mehr Mitglied einer Kirche. Nach der Wiedervereinigung gab es in Gesamtdeutschland 22,4 Prozent Konfessionslose und 72,3 Prozent Christen. Heute geben 34 Prozent der Deutschen an, ohne Bekenntnis zu sein.

In größeren deutschen Städten zeigt sich bereits folgender Trend: Wo bei den zwischen Sechzig- und Neunzigjährigen noch über sechzig Prozent Mitglied einer Kirche sind, sind es bei den Menschen zwischen dreißig und sechzig Jahren nur noch etwa die Hälfte. Bei den unter Dreißigjährigen sind inzwischen weniger als ein Drittel noch Katholiken oder Protestanten. Die Zahl der Taufen geht seit Jahren kontinuierlich zurück, außerdem ist die Zahl der Kirchenaustritte seit Jahren konstant hoch. Allein im Jahr 2010 sind in Deutschland 325 000 Menschen aus den christlichen Kirchen ausgetreten. Wenn sich die Zahlen so weiterentwickeln, wird die Mehrheit in Deutschland schon in zehn bis zwölf Jahren nicht mehr Teil einer christlichen Kirche sein.

Im öffentlichen Leben findet sich diese Entwicklung allerdings nicht wieder. Konfessionelle Sozialeinrichtungen gibt es weiterhin im ganzen Land und es werden sogar mehr: Die Zahl der christlichen Kindergärten, Schulen und Altenheime steigt. Wie passt das zusammen?

3.

Steuern für Gott
Woher das Geld kommt

Zurück in der Elternrunde im Herbst 2012. Bei Peer Jung klingelt das Telefon, die Eltern unterbrechen kurz das Gespräch. Nach einer Minute ist er wieder am Tisch. »Entschuldigung, da musste ich kurz rangehen. Hätte ja der Bischof sein können«, lacht er und berichtet dann, was in Rauschendorf passiert ist, nachdem die Gesprächsversuche mit der Kirche gescheitert waren. »Tatsächlich haben wir erst gedacht, wir können die Kirche mit unseren Argumenten überzeugen. Aber als wir so nicht weiterkamen, haben wir uns besser informiert.«

Als die Eltern im Herbst 2011 anfangen, sich näher mit ihrem Kindergarten zu beschäftigen, erfahren sie schnell ein entscheidendes Detail: Zwar ist die katholische Kirche Träger der Einrichtung und trifft deshalb die Personalentscheidungen. Doch sie gibt finanziell überhaupt nichts zum Kindergarten dazu. Es zahlen: das Land, die Kommune und die Eltern selbst. Zu einhundert Prozent. »Plus zwei Prozent Verwaltungspauschale, also einhundertzwei Prozent!«, konkretisiert Peer Jung. Auch das Gebäude gehöre der Stadt. Die Kirche habe lediglich das Gehalt für eine Praktikantenstelle bezahlt. Sie sei schon sehr überrascht gewesen, fügt Alice Ernst an. »Ich dachte ursprünglich, ein katholischer Kindergarten wird auch aus unserer Kirchensteuer finanziert.« Inzwischen wissen sie und die anderen Eltern, dass das nicht so ist.

Kein Kindergarten, keine Schule, kein Krankenhaus, kein Altenheim in Trägerschaft der christlichen Kirchen und ihrer Wohlfahrtsverbände wird zum Hauptteil aus der Kirchensteuer finanziert. Stattdessen zahlt die Allgemeinheit und damit auch all diejenigen, die nicht Mitglied einer Kirche sind. Wie kommt das?

Es gibt sehr wenige Menschen, die sich mit der Zuwendung staatlicher Gelder an kirchliche Einrichtungen ausführlicher beschäftigt haben als Carsten Frerk. Der bekennende Atheist arbeitet als Politikwissenschaftler, Publizist und Dozent in Berlin. 2009 fuhr er mit einem Bus durch Deutschland, auf dem stand: »Es gibt mit an Sicherheit grenzender Wahrscheinlichkeit keinen Gott«. Mit dieser Kampagne warben er und andere Atheisten dafür, dass nicht religiöse Menschen in öffentlichen Debatten mehr Raum bekommen. »Kirchenkritiker« möchte Carsten Frerk trotzdem nicht genannt werden, lieber »Demokratiekritiker«. Vor allem aber hat Carsten Frerk das »Violettbuch Kirchenfinanzen« geschrieben. Auch wenn es im Internetauftritt der evangelischen Kirche heißt: »Das ist eine Streitschrift und kein Sachbuch«, kommen die Vertreter der Kirchen nicht umhin, Frerks Rechercheleistung anzuerkennen. »Er ist ein kundiger Mann«, sagt der Finanzchef der evangelischen

Kirche in Deutschland, Oberkirchenrat Thomas Begrich, über ihn. Carsten Frerk kommt gerade vom Sommerfest eines Kleingartenvereins in Berlin. Das Thema Kirchenfinanzen reizt ihn mehr. Monate und Jahre haben Carsten Frerk und seine Kollegen über Haushaltsplänen gebrütet, um eine Übersicht der öffentlichen Mittel zu erstellen, die jedes Jahr an die Kirchen gehen. Während seine Freunde im Schrebergarten ohne ihn feiern, berichtet Carsten Frerk von seinen Recherchen: »Ein Beispiel: Die größten kirchlichen Arbeitgeber, die Wohlfahrtsverbände Caritas und Diakonie, finanzieren sich fast ausschließlich aus Mitteln des Sozialstaates«, berichtet Frerk. »Sie haben im Jahr etwa fünfundvierzig Milliarden Euro Kosten. Davon finanziert die Kirche achthundert Millionen Euro selbst. Das sind knapp zwei Prozent.« Zwei Prozent für die eigenen Wohlfahrtsverbände und ihre Krankenhäuser, Kindergärten, Sozialstationen, Weiterbildungsangebote. Gerade in diese Bereiche, die vor allem die Allgemeinheit betreffen, bringt die Kirche also kaum Eigenkapital, kaum Kirchensteuer ein. Die großen Kirchen widersprechen dieser Zahl nicht. »Die Schätzung kann ich bestätigen«, sagt Finanzchef Begrich von der evangelischen Kirche.

Wer die Liste der Einrichtungen durchgeht, die die Kirche mit öffentlichen Geldern betreibt, kommt ins Grübeln. Caritas und Diakonie werden zu achtundneunzig Prozent vom Staat finanziert, christliche Kindergärten zu über neunzig Prozent, öffentliche Konfessionsschulen zu hundert Prozent, private bis zu achtzig, wobei die fehlenden Prozente vor allem durch das zusätzliche Schulgeld der Eltern ausgeglichen werden. Der Religionsunterricht an staatlichen Schulen wird zu gut neunzig Prozent, die theologischen Fakultäten an den Universitäten zu einhundert Prozent gefördert. Sogar die Kirchentage werden zu mehr als fünfzig Prozent staatlich finanziert.

Auch die Gefängnisseelsorge wird zu einhundert Prozent vom Staat bezahlt. Genauso wie die christliche Soldatenseelsorge innerhalb der Bundeswehr. Die evangelischen oder katholischen Seelsorger werden für diese Zeit sogar vom kirchlichen Dienst freigestellt und sind dann bis zu sechs Jahre lang offiziell Bundesbeamte.

Die Auslandsarbeit wird zu etwa fünfundsechzig Prozent mit öffentlichem Geld unterstützt. Etwa dreißig Prozent kommen in diesem Fall über Spenden dazu. Nur knapp fünf Prozent sind eigene »kirchliche Haushaltsmittel«.

Darüber hinaus gibt es noch die direkten Staatsleistungen, die die Kirchen ohne Gegenleistung bekommen: insgesamt über fünfhundert Millionen Euro an Länderzuschüssen im Jahr. Dabei handelt es sich um Pachtersatzleistungen, die ihre Ursache in staatlichen Enteignungen kirchlicher Ländereien vor 1918 haben. Die Kirchen geben dieses Geld für Gebäude und Personal aus, die Katholiken bezahlen damit unter anderem die Bischofsgehälter. Seit Gründung der Bundesrepublik hat die Bundesregierung den Auftrag, diese Leistungen abzulösen. In dem entsprechenden Artikel 138 Absatz 1 der Weimarer Reichsverfassung, der mit Artikel 140 ins Grundgesetz übernommen wurde, heißt es: »Die auf Gesetz, Vertrag oder besonderen Rechtstiteln beruhenden Staatsleistungen an die Religionsgesellschaften werden durch die Landesgesetzgebung abgelöst. Die Grundsätze hierfür stellt das Reich auf.« Ob die Zahlungen einfach eingestellt oder mit einem bestimmten Betrag abgegolten werden, ist also die Entscheidung der Bundesregierung. Staatskirchenrechtler diskutieren seit Jahren über die Modalitäten, aber nichts passiert. Klar ist nur, dass durch die ausstehende Entscheidung allein zwischen 1949 und 2010 eine Summe von 13,9 Milliarden Euro an Länderzuschüssen für die Kirchen zusammengekommen ist. Allein 1,4 Milliarden Euro davon kamen nach 1991 aus den ostdeutschen Bundesländern dazu, die nach der Wiedervereinigung sogar noch neue Verträge mit den Kirchen geschlossen haben.

Etwa zehn Milliarden Euro nehmen die beiden großen christlichen Kirchen jedes Jahr selbst an Kirchensteuer ein. Davon bezahlen sie vor allem ihre Priester und Pfarrer, die Mitarbeiter im kirchlichen und seelsorgerischen Dienst sowie die Instandhaltung der Kirchengebäude. Weniger als zehn Prozent des eigenen Geldes fließt tatsächlich abseits der Seelsorge in öffentliche soziale Einrichtungen. Für die restlichen über neunzig Prozent kommen Bund, Länder, Kommunen und Sozialversicherungsträger auf.

Für die Kindergärten, erklärt Carsten Frerk, gäben die Kirchen noch mit am meisten vom eigenen Geld aus. »Wer aber davon ausgeht, dass die Kirche einen Kindergarten, auf dem ›katholische Kirche‹ steht, auch aus der Kirchensteuer eigenständig finanziert, der täuscht sich.«

Wie kann es sein, dass der Kindergarten zwar zum größten Teil aus öffentlichem Geld bezahlt wird, aber die Kirche dort allein über Organisation und Personal bestimmt? Grundsätzlicher formuliert: Sind Staat und Kirche in Deutschland nicht eigentlich voneinander getrennt?

Die Antwort auf diese letzte Frage findet sich im Grundgesetz. Oder eben nicht, denn es gibt dort keinen Hinweis darauf, dass Staat und Kirche, wie etwa in Frankreich, völlig getrennt voneinander handeln sollen. In Artikel 140 heißt es: »Es besteht keine Staatskirche«. Das bedeutet zwar, dass Staat und Kirche auf institutioneller Ebene getrennt voneinander agieren sollen. Aber eine strikte Trennung im Sinne einer vorgeschriebenen Distanzierung gibt es nicht. Vielmehr wirken Staat und Kirche freiwillig zusammen. Eine Kooperation ist gewollt, die Kirche übernimmt soziale Aufgaben für die öffentliche Hand. Je nachdem ob man mit Kritikern oder Befürwortern dieser Praxis spricht, ist von »hinkender Trennung« oder »guter Partnerschaft« die Rede. Diese besondere Partnerschaft zwischen Staat und Kirche funktioniert auf der Ebene der sozialen Einrichtungen folgendermaßen: Der Staat finanziert seine eigenen Aufgaben wie Kinderbetreuung, Bildung und Krankenpflege, lässt sie aber von den Kirchen ausführen.

In diesem Zusammenhang spielt das sogenannte »Subsidiaritätsprinzip« eine Rolle. Es besagt, dass die Kommune von eigenen Angeboten absehen soll, wenn die Aufgabe von freien Trägern erfüllt werden kann. Die Idee dahinter: Gesellschaftliche Aufgaben sollen nicht zuerst vom Staat, sondern in eigenverantwortlichem Handeln von gesellschaftlichen Gruppen gelöst werden. Im konkreten Fall wird etwa die staatliche Verpflichtung, Kindergartenplätze bereitzustellen, von freigemeinnützigen Trägern übernommen, die dafür vom Staat finanziell unterstützt werden. 1961 wurde das Prinzip ins Bundessozialgesetz aufgenommen, es gilt damit auch für Kirchen als Träger öffentlicher Sozialeinrichtungen. Sie profitieren besonders: Die kirchlichen Wohlfahrtsverbände Caritas und Diakonie sind die größten freien Träger in Deutschland.

Dies sei auch der Grund dafür, dass es um so hohe Summen gehe, erklärt Thomas Begrich, der Finanzchef der evangelischen Kirche. Sie würden ausgezahlt in Form von Fördermitteln und Zuschüssen von staatlichen und kommunalen Stellen sowie von anderen öffentlich-rechtlichen Körperschaften wie Zweckverbänden, Wohlfahrtsverbänden, Rentenversicherungsanstalten und Krankenkassen. Wichtig dabei sei aber: Dieses Geld bekämen die Kirchen nicht für sich selbst, sondern für Leistungen, die der Allgemeinheit dienen.

Das Problem an dieser Kooperation: Der Staat kauft sich mit der Kirche als Träger seiner Aufgaben Sonderregelungen mit ein, die in der heutigen Zeit an ihre Grenzen stoßen. Der Nachwuchs, der heute Erzieher, Arzt, Lehrer oder Altenpfleger werden will, ist vielleicht gar nicht mehr dazu bereit, seine Arbeit im christlichen Auftrag zu verrichten und sich auf die besonderen Arbeitsbedingungen der Kirchen einzulassen. Die Kirche ist eben kein freier Träger wie alle anderen, wie die Arbeiterwohlfahrt oder das Deutsche Rote Kreuz. Sie stellt besondere Anforderungen an ihre Mitarbeiter und ihr großer Einfluss auf öffentliche soziale

Einrichtungen wird mehr und mehr dort zum Problem, wo die Angestellten ihr Leben nicht mehr so gestalten, wie die Kirche es ihnen vorgibt.

Das zeigt sich kurz vor Weihnachten 2011 in Rauschendorf. Je mehr die Eltern über die Finanzierung ihres Kindergartens erfahren, desto deutlicher wird ihr Ton. Das belegt ein letzter Brief an den Pfarrer und die Kirchenvorstände.

Die Eltern schreiben an Udo Maria Schiffers, dass ein Großteil der Kinder im Kindergarten nicht katholisch sei, und empfehlen ihm, den tatsächlichen Bedarf an katholischen Kindergartenplätzen zu ermitteln. Es gebe zurzeit sechs katholische Kindergartengruppen in Königswinter. »Wir sind sicher, dass die Bedarfsermittlung ergeben wird, dass ein einziger katholischer Kindergarten vollkommen ausreichend ist.« Weiter heißt es: »Die Elternschaft sieht keine Möglichkeit mehr, mit dem Träger weiterzuarbeiten. Es gibt keine gemeinsame Basis. Wer die konkreten Interessen der Bürger, Kinder und Eltern einem abstrakten konfessionellen Prinzip opfert, sollte sich aus der weltlichen Kindererziehung zurückziehen.« Noch einmal bitten sie die Kirchenvertreter, von sich aus zu gehen. »Wir haben Angst vor der Möglichkeit, dass wieder eine Mitarbeiterin unverschuldet in eine ähnliche Situation kommt, die zu kirchenrechtlichen Konsequenzen führt, obwohl ihr fachlich nichts vorzuwerfen ist. Vor dem Hintergrund, dass die Finanzierung des Kindergartens ausschließlich durch die Stadt und die Elternschaft erfolgt, halten wir ein Minimum an Einflussnahme für sachgerecht.«

Es wird nur noch ein paar Wochen dauern, bis die Eltern feststellen werden, dass sie mit diesen Argumenten auf dem richtigen Weg sind – nur noch nicht beim richtigen Ansprechpartner.

4.
»Solange niemand etwas davon weiß …«

Ein besonderes Angebot

Während die Eltern im Winter 2011 noch versuchen, die Kirche mit neuen Argumenten zu überzeugen, liegt auf dem Schreibtisch von Pfarrer Schiffers längst eine Anweisung des Kölner Erzbistums. Im Adressfeld steht »vertrauliche Personalsache«. In diesem Brief schreibt das erzbischöfliche Generalvikariat an den Pfarrer in Königswinter: »Aufgrund des begangenen Verstoßes gegen die Loyalitätsobliegenheiten der Grundordnung Ihrer Mitarbeiterin Frau Knecht ist es unumgänglich, das Arbeitsverhältnis als Leiterin der Kindertageseinrichtung zu beenden.« Das Arbeitsverhältnis müsse »ohne Frage dienstgeberseitig beendet werden«. Als Termin schlägt das Bistum Ende März 2012 vor. Das ist der nächstmögliche Zeitpunkt.

Es folgt ein Satz, in dem mehr steckt, als es auf den ersten Blick scheint: »Sollte Frau Knecht bereits vor dem Kündigungstermin um einen Auflösungsvertrag bitten, möchten wir Sie bitten, dem zuzustimmen, um Frau Knecht auf dem Arbeitsmarkt alle Chancen zu eröffnen.«

Pfarrer Udo Maria Schiffers erklärt, wie er den letzten Satz verstanden hat. Er sitzt in seinem Pfarrbüro und hat gerade seine Baumwolljacke über den Stuhl gehängt. »Das ist die menschliche, die pastorale Lösung«, sagt er, die man mit Bernadette Knecht durchgesprochen habe. Er setzt sich, rückt die Nickelbrille zurecht und wird konkreter. Es sei durchaus so, dass man als Kirche in einem bestimmten Rahmen zu Kompromissen bereit sei. »Wir haben versucht, ihr eine Brücke zu bauen, obwohl ihre Lebensumstände in Rauschendorf bekannt waren«, berichtet der Pfarrer. Die Idee sei gewesen, dass sie statt in der hiesigen Einrichtung in einem anderen katholischen Kindergarten der Region arbeiten könne. Eine Stelle sei schon gefunden worden: in Bonn, auf der anderen Rheinseite, zehn Kilometer entfernt und doch weit genug weg.

»Solange wir davon ausgehen können«, erklärt Pfarrer Schiffers, »dass die Leute am neuen Arbeitsort über diese Lebensverhältnisse nichts wissen, ist die Gefahr des Ärgernisses vermieden.« Deshalb könne Frau Knecht in Bonn arbeiten, in Rauschendorf aber nicht, erläutert Pfarrer Schiffers. Das Wichtigste sei für ihn, dass eine Kindergartenleiterin ein gutes Vorbild für ihre Umgebung abgebe. Wenn die Eltern in Bonn nichts von Bernadette Knechts Beziehung wüssten, sei es kein Problem, dass sie dort arbeite. Natürlich gehe es auch um die Sache an sich. »Aber wegen des Zeugnischarakters der Ehe ist es schon ein sehr wichtiger und gravierender Aspekt, ob die Leute das Ganze mitbekommen oder nicht«, fährt der Pfarrer fort und ergänzt, dass Bernadette Knecht sich diese neue Stelle selbst gesucht habe.

»Ja, das stimmt«, bestätigt Bernadette Knecht. »Mein Eindruck ist«, fährt sie nachdenklich fort, »wenn man niemandem sagt, wie man lebt, kann man innerhalb der katholischen Kirche weiterarbeiten. Man muss nur den Mund halten.« Das sei für sie am Anfang eine Option gewesen. Deshalb habe sie sich die Stelle in Bonn gesucht. »Ich hätte beinahe meine Sachen gepackt und wäre gegangen«, erklärt sie. »Damit keiner davon erfährt und damit ich mein Gesicht wahren kann. Ich hätte es genauso gemacht wie viele Kollegen von mir.«

Aber dann habe es zwei Entwicklungen gegeben. Das eine sei das Engagement der Rauschendorfer gewesen: Eltern, die unbedingt wollten, dass sie bleibt. Freunde und Vereinsmitglieder im Ort, die auf sie eingeredet, die sie gebeten hätten durchzuhalten, weil der Vorgang ungerecht sei. »Am Anfang habe ich mich dieser Mühen überhaupt nicht wert gefühlt. Ich habe gedacht, das kann nicht sein, dass sich jemand so für mich einsetzt«, erzählt Bernadette Knecht. »Aber die Eltern haben nicht lockergelassen. Die Stärke, die ich anfangs nicht hatte, haben sie mir erst gegeben.«

Das andere sei ein weiteres Schreiben gewesen. Denn obwohl es mit der neuen Stelle in Bonn gut aussah, gab es noch ein Problem. Pfarrer Schiffers hatte seine Vorgesetzten im Bistum Köln bereits über die neue Beziehung seiner Mitarbeiterin informiert. Das Schreiben, in dem vom »schädlichen Ärgernis« die Rede war und in dem stand, dass sich die Beziehung von Bernadette Knecht »nicht verbergen« lasse, war Teil ihrer Personalakte geworden. Wie macht man so etwas rückgängig?

Thomas Schulte-Beckhausen, der Kirchenvorstand, möchte über dieses Thema nicht gerne sprechen. Der Anwalt aus Köln, der die Kündigung von Bernadette Knecht mit beschlossen hatte, hat nur eine Stunde Zeit und die ist jetzt gleich vorbei. Seine Mandanten warten. Thomas Schulte-Beckhausen betont zunächst, genau wie Pfarrer Schiffers vor ihm, dass die Stelle in Bonn im Grunde die beste, die »menschliche Lösung« für Frau Knecht gewesen wäre. Dass die Kirche damit einen Kompromiss eingegangen wäre. Ein Kompromiss, der mit dem Kirchenrecht vereinbar sei, denn schließlich sei das vorrangige Ziel, das öffentliche Ärgernis zu vermeiden, und das wäre so möglich gewesen. Er selbst habe deshalb damals, im November 2011, ausgiebig mit Bernadette Knecht telefoniert. »Sie sagte, dass sie nur noch ihre Ruhe haben und gehen wolle«, schildert Thomas Schulte-Beckhausen das Gespräch. »Wir wollten Frau Knecht den Weg frei machen, doch da war das Problem mit der Personalakte in Köln.« Thomas Schulte-Beckhausen zögert, bevor er weiterspricht. »Ich selbst habe mich beim Bistum erkundigt, ob es da eine Möglichkeit gibt. Im Bistum hat man mir dann gesagt, dass eine Art Gegenschreiben verfasst werden müsse, um die Akte zu schließen. So hätte Bernadette Knecht einen Auflösungsvertrag unterschreiben und die neue Stelle antreten können, aber das wollte sie dann nicht mehr.«

Ein Gegenschreiben. Bernadette Knecht hat dieses Schreiben aufgehoben. Es ist ein Entwurf, gerichtet an das Generalvikariat des Erzbistums Köln. Ein Entwurf, den Anwalt

Ein besonderes Angebot

Thomas Schulte-Beckhausen vorformuliert hat und der aus der Sicht von Pfarrer Schiffers geschrieben ist:

»In meinem Schreiben vom 21.10.2011 hatte ich ausgeführt, dass sich Frau Knecht und Herr Dr. Griese dazu entschlossen hätten, ihr gemeinsames Leben mit Sitz in Stieldorf fortzusetzen und sich die neue Beziehung der beiden nicht verbergen lasse. Nach einer Vielzahl weiterer Gespräche, insbesondere auch einem Gespräch mit Frau Knecht, stellt sich der Sachverhalt nach den derzeitigen Erkenntnissen so dar, dass Frau Knecht von ihrem bisherigen Zuhause ausgezogen ist und bei Herrn Dr. Griese eingezogen ist. Frau Knecht und Herr Dr. Griese haben jedoch keine Beziehung begründet. Vielmehr hat Herr Dr. Griese Frau Knecht, die er bereits seit vielen Jahren aus seiner Tätigkeit für den Kindergarten Rauschendorf kennt, Unterschlupf gewährt, da ihr aus besonderen persönlichen Gründen eine Rückkehr in die gemeinsame Familienwohnung nicht möglich ist. Geht man von diesem Sachverhalt aus, kommt eine Kündigung des Arbeitsverhältnisses mit Frau Knecht, die darauf gegründet ist, dass die Gefahr eines schädlichen Ärgernisses besteht, nicht in Betracht.
Abschließend darf ich darauf hinweisen, dass Frau Knecht den Kirchengemeindeverband darum gebeten hat, ihr Arbeitsverhältnis mit Wirkung zum 31.12.2011 einvernehmlich aufzuheben. Der KGV hat beschlossen, dieser Bitte zu entsprechen.«

»Ich sollte bestätigen«, fasst Bernadette Knecht zusammen, »dass alles, was bisher vom Pfarrer aufgenommen wurde, nicht der Wahrheit entspricht. Dass ich mich geirrt habe, dass es meine Beziehung nicht gibt. Nur so hätte ich eine Chance auf den neuen Job in Bonn gehabt. Da fing es dann an, dass ich dachte: Ich will nicht mehr heucheln.«

Das Bistum Köln bestätigt das Telefonat mit Kirchenvorstand Thomas Schulte-Beckhausen. Man habe länger mit ihm telefoniert und ihm dann folgende Sachinformation gegeben: Wenn es sich bei der Beziehung zwischen Bernadette Knecht und Josef Griese nicht um ein eheähnliches Verhältnis, sondern nur um eine WG, eine Wohngemeinschaft, handle, sei eine Weiterbeschäftigung innerhalb der katholischen Kirche möglich. Man habe dem Kirchenvorstand mitgeteilt, dass das dann aber auch in einem Schreiben vom Pfarrer bestätigt werden müsse. Natürlich gehe man davon aus, dass diese Information dann auch der Wahrheit entspreche. »Wir rechnen eben immer mit der Umkehr der Sünder«, heißt es aus dem Bistum zu diesem Vorfall.

5.
Hinkende Trennung oder gute Partnerschaft

Wer zahlt und wer bestimmt

Während Bernadette Knecht im Dezember 2011 über das Angebot der Kirche nachdenkt, gehen die Eltern auf die Kommunalpolitik zu. Sie sprechen die Parteien an und laden zu einem Informationsnachmittag in den Kindergarten ein. Dort wollen sie den Volksvertretern unten aus Königswinter berichten, was oben in Rauschendorf geschieht. Sie wollen außerdem herausfinden, wie sich die Finanzierung des Kindergartens durch die Kommune genau darstellt. Denn eigentlich muss die katholische Kirche in Nordrhein-Westfalen laut Landesgesetz zwölf Prozent der Kosten eines Kindergartens selbst tragen. Wieso ist das in Königswinter nicht so? Bislang hat diese Fragen in ihrer Stadt noch niemand öffentlich gestellt und noch ist den Eltern nicht klar, welche Konsequenzen diese Erkundigungen nach sich ziehen werden.

Königswinter ist eine CDU-Stadt und Björn Seelbach der SPD-Vorsitzende. Er ist Anfang vierzig, hat in Berlin,

Belgien und Großbritannien Jura studiert, in der Schweiz und den USA gearbeitet. Jetzt ist er Anwalt in Bonn. Als Björn Seelbach die Eltern zum ersten Mal trifft, hat er seinen Parteiposten seit genau vier Monaten. Doch er ist nur neu im Amt, nicht neu in der Stadtpolitik und deshalb kann er erklären, warum auf dem Kindergarten »Katholische Kirche« steht, aber einhundert Prozent Kommune drin ist.

»Die Kirche hat irgendwann gesagt: ›Wir können den Kindergarten, also unsere zwölf Prozent Trägeranteil, aus den schrumpfenden Kirchensteuermitteln nicht mehr finanzieren. Wir würden den jetzt zumachen, wenn ihr nicht noch eine Schippe drauflegt.‹« Er lächelt, bevor er fortfährt. Die Kirchenvertreter seien damals an die Stadt herangetreten und hätten gefragt, ob sie nicht den Kirchenanteil für sechs sonst zu schließende Gruppen noch mit übernehmen könne. Weil die Kindergärten gut liefen und es sehr aufwendig gewesen wäre, neue Träger zu finden oder eigene kommunale Einrichtungen daraus zu machen und zu verwalten, habe man sich entschieden, den Anteil, den die Kirche eigentlich selbst zahlen müsse, aufzufangen. »Das war der Wille der politischen Mehrheit, und man hat gehofft, dass das schon gut gehen würde. So, nun ist es nicht gut gegangen«, fasst Björn Seelbach zusammen.

Lange war es so, dass die Kirchen in ihren Kindergärten einen Großteil der Kosten übernahmen. In Nordrhein-Westfalen etwa lag der Eigenanteil der Kirche bis 1990 noch bei sechsunddreißig Prozent. Dann ging es stetig bergab. Im Jahr 2000 waren es nur noch zwanzig Prozent, die die beiden großen Kirchen aus der Kirchensteuer zu ihren Einrichtungen beitrugen. 2008 waren es schließlich nur noch zwölf Prozent. Aus dem Familienministerium Nordrhein-Westfalen kommt als Erklärung für diese Entwicklung per Mail ein Auszug aus der Begründung zum Kinderbildungsgesetz von 2008: Demnach ist der »Finanzierungsanteil der Kirchen auf zwölf Prozent abgesenkt worden, um den besonderen strukturellen Finanzierungsproblemen dieser Trägergruppe Rechnung tragen zu können (z. B. deutlicher Rückgang des Kirchensteueraufkommens).« Die achtzig Millionen Euro Mehrkosten, die allein die letzte Absenkung von zwanzig auf zwölf Prozent im Jahr 2008 ausmachte, teilten Land und Kommunen unter sich auf.

Diese Entwicklung gibt es auch in anderen Bundesländern. In Hamburg etwa zahlten die Kirchen erst zwanzig, dann zehn Prozent und seit 2010 trägt die Stadt sämtliche Kosten. Kein einziger christlicher Kindergarten wird dort mehr von der Kirche finanziert.

In Nordrhein-Westfalen blieben 2008 immerhin noch die zwölf Prozent Eigenanteil für die Kirchen übrig. Damit liegen sie über dem der freigemeinnützigen Träger von Kindertageseinrichtungen und dem der Elterninitiativen und tragen von allen nicht kommunalen Trägern noch am meisten zum Budget bei. Das sollten sie zumindest, denn angesichts der Finanzierung in Rauschendorf stellt sich die Frage, ob sie ihre zwölf Prozent denn überhaupt noch zahlen.

In Königswinter wird nicht nur die Einrichtung in Rauschendorf, hier werden insgesamt sechs katholische Kindergartengruppen komplett aus öffentlichen Mitteln bezahlt. »Sonderfinanzierung« nennt das die Stadtverwaltung. Das klingt nach »Sonderfall«, aber so ist es nicht. Das Erzbistum Köln sagt dazu: Zwar seien nicht alle Kindergärten in ihrer Diözese zu einhundert Prozent öffentlich finanziert, aber dass die Kommune die üblichen achtundachtzig Prozent aufstocke, sei inzwischen ein »gängiges Modell«.

Bundesweit? »Ja«, bestätigt Ursula Krickl vom Deutschen Städte- und Gemeindebund. »Landauf, landab ist es Trend, dass die Kirche sagt: Wir können nicht mehr. Dann ist die Kommune in der Not, denn sie hat die Versorgungspflicht und auf die Schnelle keine andere Wahl.« Es sei ihrer Meinung nach ein Spiel mit der Versorgungsnot der Kommunen und inzwischen die Regel, dass Kirchen auf Kommunen zugehen. »Wenn die Kirche heute noch fünf Prozent Eigenmittel zahlt, muss man schon froh sein«, sagt Ursula Krickl. Bald werde es noch enger werden, denn mit dem neuen Rechtsanspruch auf einen Kindergartenplatz steige die Zahl der gesetzlich garantierten Plätze. Wenn gleichzeitig die Kirchen mit Schließung drohten, stünden die Kommunen unter enormem Druck. Die Kirchen wüssten, dass ein Rechtsanspruch auf einen Kindergartenplatz ohne ihre Hilfe nicht realisierbar sei.

So haben sich die Kirchen also mehr und mehr aus der selbst finanzierten Sozialleistung zurückgezogen und die Kommunen gleichen das fehlende Geld aus. In der Regel, ohne daraus Konsequenzen zu ziehen.

»Das war das, was wir so unfair fanden: dass wir überhaupt kein Mitspracherecht haben«, regt sich Canina Jung auch im Herbst 2012 noch auf. »Es gibt die Kirche als Träger, die bezahlt nichts außer ein paar Möbeln und ansonsten wird das von der Stadt und von uns bezahlt.« Die Eltern hätten damals den Vertretern der Parteien gesagt, dass es so nicht funktioniere. Schließlich gehe es hier nicht um eine Klosteranlage, sondern um einen öffentlichen Kindergarten. »Es sind unsere Kinder, die wir dahin geben«, stellt Canina Jung klar. »Die sind das Wichtigste für uns und wir oder die Stadt haben keinerlei Einflussmöglichkeit auf die Einrichtung, in der die Kinder jeden Tag sind.«

Obwohl die Eltern im Winter 2011 alle Argumente auf ihrer Seite wähnen, bleiben konkrete Erfolge aus. Die Vertreter der Parteien, darunter Björn Seelbach von der SPD, versprechen ihnen zwar, sich ihrer Sache anzunehmen und darüber zu diskutieren. Mehr aber nicht.

Weihnachten 2011 geht es keinem der Beteiligten in Rauschendorf gut. Vor allem Bernadette Knecht, so berichten die Eltern, sei blass und dünn geworden, das habe ihnen Sorgen bereitet. Das Essen, die Kerzen, die sie ihr in der Adventszeit in den Kindergarten brachten, die Blumen zur Aufmunterung, hätten da wenig geholfen.

Auch von Eltern aus dem engsten Kreis der Entlassungskritiker feiert in diesem letzten Jahr niemand ein entspanntes Weihnachtsfest. Die einen nicht, weil katholische Familienmitglieder aus Wut über das Engagement gegen die Kirche nicht zum Festessen kamen. Die anderen nicht, weil sie Sorge hatten, Bernadette Knecht zu sehr zu drängen. »Ich habe immer wieder auf sie eingeredet«, erinnert sich Canina Jung, »als es um den eigenartigen Deal mit dem Gegenschreiben ging. Das hätte doch geheißen: von einer Verheimlichung zur nächsten.« Peer Jung sagt, er sei hin- und hergerissen gewesen.»An einem Tag habe ich ihr mit dem Aufhebungsvertrag geholfen, weil ich als Anwalt ihre Interessen vertreten wollte. Am anderen Tag habe ich wieder versucht, sie zum Bleiben zu überreden.« Und seine Frau fügt noch hinzu: »Man merkte, dass es ihr mit dem ganzen Hin und Her überhaupt nicht gut ging.« Oft hätten sie an ihren gemeinsamen Abenden darüber geredet und sich gefragt: Für wen machen wir das eigentlich? Was ist für uns selbst gut und was für Frau Knecht?

Als das neue Jahr beginnt, beschließen die Eltern weiterzumachen. Irgendwann, so erzählen sie, sei ihnen klar geworden, dass es inzwischen um etwas Grundsätzliches gehe. Und zwar darum, dass sie selbst ihre Kinder nicht mehr in eine Einrichtung der katholischen Kirche schicken wollten.»Wir dachten«, sagt Alice Ernst,»wenn Frau Knecht gehen muss und wir das nicht verhindern können, fängt der Protest erst richtig an. Und vielleicht wird es sogar einfacher, denn dann dreht es sich nicht mehr nur um sie, sondern es geht um die Sache an sich.«

Weil sie bei der Kommunalpolitik in Königswinter nicht weiterkommen, schicken die Eltern am 8. Januar 2012 eine Petition an den Landtag Nordrhein-Westfalen. Sie bitten den Petitionsausschuss um eine Vermittlung vor Ort und berichten von ihren Gesprächen mit dem Stadtrat, dem Bürgermeister und dem Leiter des Jugendamtes.»Gewundert hat uns«, schreiben Peer Jung und die anderen, »dass die Stadt keine weitergehenden Einflussmöglichkeiten hat, obwohl sie den Kindergarten zu hundertzwei Prozent sonderfinanziert und die Kirche somit keinerlei Kosten trägt.« Sie schreiben ferner: »Wir benötigen dringend einen Vermittler. Wir haben das uns Mögliche getan, sehen uns aber machtlos, unsere Interessen durchzusetzen. Sämtliche Eltern und Mitarbeiter befürworten einen Trägerwechsel. Bürger und Vereine unterstützen uns dabei. Was brauchen wir mehr?«

Sie fragen, warum eine politisch legitimierte Verwaltung keine rechtliche Möglichkeit zur Einflussnahme habe, obwohl der Wähler dies mehrheitlich wünsche. All das sei mit ihrem Demokratieverständnis nicht vereinbar.

»Mag die katholische Kirche berechtigt sein, ihre Mitarbeiter den katholischen moralischen Maßstäben zu unterwerfen und auch Konsequenzen zu ziehen. Hier geht es aber um unsere Kinder. Wir müssen tatenlos mitansehen, wie eine fähige Leiterin wegen privater Lebensumstände entlassen werden soll, obwohl ihr fachlich keinerlei Vorwürfe zu machen sind.« Weiter heißt es: »Wir können unsererseits nicht die Konsequenzen ziehen und uns einen anderen Kindergarten suchen. Zum einen sind viele Mütter berufstätig und auf einen ortsnahen Platz angewiesen. Zum anderen dürfte klar sein, dass vor dem Hintergrund von landesweit 44 000 fehlenden Kita-Plätzen ein Wechsel der gesamten Kinder in einen anderen Kindergarten faktisch unmöglich ist.« Sie bieten noch an, kurzfristig zum Gespräch nach Düsseldorf zu kommen. Dann warten sie ab.

In dieser Zeit kommt Alice Ernst ins Grübeln. Für andere Eltern, die nicht katholisch sind, die ihre Kinder nicht getauft haben, die nicht mit vollem Bewusstsein kirchlich geheiratet haben und nicht in einer katholischen Familie leben, scheint das alles einfacher als für sie. Bei Alice Ernst gerät der eigene Glaube ins Wanken.

»Ich habe mir im Januar das Ziel gesetzt, dass ich innerhalb dieses Jahres nicht austreten werde«, erzählt sie. »Und zwar weil ich mir selbst die Möglichkeit geben wollte, das alles mit einem gewissen Abstand zu betrachten und zu bewerten. Aber trotzdem leidet meine katholische Seele.« Sie lächelt, dann spricht sie weiter. »Viele Dinge, von denen ich überzeugt war, kommen in einer Form ins Wanken, die schwer auszuhalten ist. Ich sage jetzt mal etwas sehr Emotionales: Als Mutter ringt man immer um Dinge, die konstant sind, an denen man sich in all der Verantwortung, die man für seine Familie trägt, festhalten kann. Weil man selbst der Fels sein soll für alle. Für mich war die kirchliche Erziehung, die meine Eltern mir mitgegeben haben, etwas, woran ich mich orientieren konnte. Das bricht mir gerade weg, und zwar ganz massiv.«

»Ich schätze die katholische Kirche, deren Mitglied ich gerne bin, gerade für ihre Funktion als Erhalter der Werte«, schreibt Alice Ernst im Januar 2012 an Udo Maria Schiffers. »In unserer Zeit gibt man zu schnell auf, sucht aus, was beliebt. Das halte ich für falsch. In einer Kirche, die versucht, in all dieser Beliebigkeit eine feste Größe zu sein, bedarf es strenger Regeln. Diese dürfen tatsächlich nicht bei jeder Gelegenheit angepasst und verändert werden. Aber in unserer Kindertageseinrichtung geht es um Kinder, die in unserer Zeit aufwachsen – heute.« Alice Ernst notiert, dass keiner erwarte, dass die Kirche sich ändere. »Aber eine Situation wie diese, die es nicht nur hier bei uns in Rauschendorf gibt, sondern die schon unzählige Male in ganz Deutschland aufgetreten ist, führt zu einer wichtigen Frage: Ist die katholische Trägerschaft einer Bildungseinrichtung, die ad hoc reagieren muss, das Beste für unsere kleinen Persönlichkeiten?« Sie bittet den Pfarrer darum, die Kinder nicht zu Opfern einer kirchenrechtlichen Diskussion zu machen. »Bitte geben Sie die Trägerschaft in Hände, die eine weniger große Aufgabe haben als unsere Kirche. So können wir den Kindern einen fühlbaren Grundstein für ihren Glauben geben, ohne sie die Last dieser Institution spüren zu lassen. Frau Knecht lebt mit den Kindern die Lehre von Jesus Christus und kann unserer Kirche, den Kindern und der gesamten Gemeinde am meisten dienen, wenn Sie uns gehen lassen.«

Vom Pfarrer kommt keine Antwort mehr. Aber von Rita Klöpper, der Vorsitzenden des Petitionsausschusses im Landtag. Sie schreibt den Eltern auf ihr Anliegen zurück: »Vielen Dank für Ihre Eingabe. Sie betrifft allerdings weitestgehend zivilrechtliche und kirchenrechtliche Bereiche, in die der Petitionsausschuss aus verfassungsrechtlichen Gründen nicht eingreifen kann. Wir prüfen, ob die Möglichkeit besteht, tätig zu werden, und bitten bis dahin um Geduld.« Doch diese Geduld haben die Eltern nicht mehr. Denn inzwischen wissen sie schon mehr.

Bernadette Knecht hat lange über das Angebot der Kirche nachgedacht und sich schließlich entschieden: Sie wird das Gegenschreiben nicht unterzeichnen, ihre Beziehung zu Josef Griese nicht leugnen. Sie will bleiben und sagt das so dem Pfarrer. Deshalb stehen bald darauf die Pfarrsekretärin und eine Dame aus dem Kirchenvorstand mit einem offiziellen Kündigungsschreiben bei Bernadette Knecht vor der Tür. Am 30. Juni 2012 soll sie den Kindergarten verlassen. Kurz darauf trifft sich Bernadette Knecht mit Norbert H. Müller.

6.
Katholische Putzfrau gesucht
Was die Gerichte sagen

Norbert H. Müller ist nicht irgendein Anwalt. Im Herbst 2011 gewann er vor dem Bundesarbeitsgericht ein Verfahren, dessen Ausgang in Kirchenkreisen für Aufregung sorgte. Er hatte einem Düsseldorfer Chefarzt die Stelle an einem katholischen Krankenhaus gerettet, obwohl dieser, wie Bernadette Knecht, gegen seinen kirchlichen Arbeitsvertrag verstoßen hatte.

Der Arzt und seine Ehefrau hatten sich 2005 getrennt. Dann lernte er seine neue Partnerin kennen, mit der er zusammenzog. Als er sie dann 2008 standesamtlich heiratete, kam bald darauf die Kündigung. Auch hier sah die Kirche in der neuen Beziehung, der zweiten Ehe, einen Verstoß gegen die katholische Glaubens- und Sittenlehre. Auch hier entließ sie deshalb ihren Mitarbeiter.

Der Düsseldorfer Arzt wollte sich das nicht gefallen lassen und klagte. Sein Anwalt, Norbert H. Müller, begleitete ihn dabei durch drei Instanzen und bekam vor dem Bundesarbeitsgericht recht. Denn die Richter stellten fest, dass die katholische Klinik bereits seit mehreren Jahren wusste, dass das Paar zusammenwohnte, ohne dass sie dienstrechtlich etwas unternommen hätte. Es sei daher unverhältnismäßig, ihm erst wegen der erneuten Heirat zu kündigen, begründeten die Richter ihr Urteil vom 8. September 2011. Der Chefarzt durfte bleiben.

Nur wenige Wochen später klingelt in der Kanzlei von Norbert H. Müller in Bochum das Telefon. Der Anruf kommt aus Rauschendorf. Am anderen Ende der Leitung ist Kindergartenvater und Anwaltskollege Peer Jung, der ihm von der Kündigung Bernadette Knechts erzählen und sich mit ihm austauschen will. Sie sind sich schnell einig, dass vor Gericht zumindest eine Chance für die Kindergartenleiterin besteht. Daher reicht Norbert H. Müller für Bernadette Knecht, nachdem sie im Januar 2012 ihre Entlassungspapiere bekommen hat, eine Kündigungsschutzklage ein. Ausgang offen, denn der Fall des Chefarztes aus Düsseldorf war eine Einzelfallentscheidung.

Bislang gibt es in Deutschland kein Gerichtsurteil, das das besondere kirchliche Arbeitsrecht grundsätzlich anzweifelt. Denn die Gerichte stoßen in den Verfahren regelmäßig an eine Grenze, die »Kirchliches Selbstbestimmungsrecht« heißt. Dieses Recht ist in Artikel 140 im Grundgesetz verankert und gilt nicht nur für die christlichen Kirchen, sondern für alle Religions- und Weltanschauungsgemeinschaften in Deutschland. Das Selbstbestimmungsrecht garantiert ihnen, dass sie ihre Angelegenheiten ohne Einmischung des Staates regeln und ihre Ämter ohne staatliche Mitwirkung besetzen können. Die Idee dahinter ist, die

Religionsgemeinschaften vor staatlicher Einflussnahme zu schützen. »Das bedeutet konkret, dass der Staat keine Macht über das Recht, die Verwaltung und die Organisation einer Religionsgemeinschaft haben soll«, erklärt Norbert H. Müller. »Das leitet sich natürlich aus der Geschichte her. Es soll in diesen Bereichen schlicht keine staatliche Aufsicht mehr geben.«

Genau dieses Selbstbestimmungsrecht der Kirche ist aber der Grund, warum für sie das spezielle eigene Arbeitsrecht überhaupt möglich ist. Es erklärt, warum das Betriebsverfassungs- und das Antidiskriminierungsgesetz für die Kirchen Ausnahmen machen.

Obwohl sich der Arbeitsalltag in einem christlichen Krankenhaus nicht von dem einer kommunalen Klinik unterscheidet, gelten unterschiedliche rechtliche Maßstäbe. Noch in der Weimarer Republik war das anders. Damals gab es die Sonderrechte der Kirchen in diesem Umfang nicht, obwohl die Rechtsgrundlage die gleiche war. Denn in Artikel 137 der Weimarer Reichsverfassung, der in Gestalt von Artikel 140 auch heute noch Teil des Grundgesetzes ist, hieß es, dass jede Religionsgesellschaft ihre Angelegenheiten zwar eigenständig ordnen und verwalten soll, allerdings »innerhalb der Schranken der für alle geltenden Gesetze«. »Seitdem wurde das Selbstbestimmungsrecht der Kirchen aber viel weitergehender interpretiert«, stellt Norbert H. Müller fest.

Die Ausnahmen von den geltenden Gesetzen machen Folgendes möglich: Wenn sich ein nicht getaufter oder andersgläubiger Arbeitnehmer in einem evangelischen oder katholischen Krankenhaus, Kindergarten oder Altenheim bewirbt, kann es sein, dass er dort deswegen keinen Job bekommt, selbst wenn er fachlich für die Stelle qualifiziert wäre. Dass dem so ist, zeigt sich oft schon in den Stellenausschreibungen. Und zwar nicht nur in denen für die Chefarztstelle. In der folgenden Stellenanzeige aus dem Jahr 2010 geht es um einen Job als Reinigungskraft in einer katholischen Jugendstelle im Bischöflichen Ordinariat Eichstätt. Unter »Voraussetzungen« finden sich dort folgende Sätze: »Wir suchen jemanden, der die Reinigungstätigkeit sauber und zuverlässig verrichtet. Wir erwarten zudem die Zugehörigkeit zur katholischen Kirche sowie die Identifikation mit ihr und ihren Zielsetzungen.«

Grundsätzlich gelten die Regelungen des Kündigungsschutzes auch für kirchliche Arbeitsverhältnisse. Eine Ausnahme bildet der Bereich der »verhaltensbedingten Kündigungen«. Hierin besteht der wesentliche Unterschied zwischen der evangelischen und der katholischen Kirche auf dem Gebiet des Arbeitsrechts. Die evangelische Kirche und mit ihr die Diakonie ist vor allem mit ihrem Kollektivarbeitsrecht, mit unzureichenden Möglichkeiten der Interessenvertretung für ihre Mitarbeiter und einer zersplitterten Tariflandschaft in den letzten Jahren in die Kritik geraten. Die katholische Kirche und mit ihr die Caritas steht mit ihrem speziellen Individualarbeitsrecht vor besonderen Herausforderungen, denn sie stellt sehr viel strengere Anforderungen an das Privatleben ihrer Mitarbeiter als die evangelische Kirche. Die Liste möglicher Kündigungsgründe ist folglich länger: Seine Arbeit kann verlieren, wer wie Bernadette Knecht nach seiner ersten Ehe zu einem neuen Lebenspartner zieht. Auch die Wiederheirat nach einer Scheidung, wie beim Düsseldorfer Chefarzt, ist ein Kündigungsgrund. Ebenso verstößt es gegen die katholischen Beschäftigungsgrundlagen, wenn ein Mitarbeiter mit jemandem zusammenlebt, der selbst geschieden ist. So wie eine Gymnasiallehrerin aus der Nähe von Bonn. Sie hatte sich in einen alleinerziehenden Vater verliebt und wohnte mit ihm zusammen, als sie sich auf eine Stelle an einem katholischen Gymnasium bewarb. Der Arbeitsplatz wurde ihr verwehrt mit der Begründung, dass sie zum Ehebruch beitrüge, wenn sie mit einem geschiedenen, vor Gott noch verheirateten Mann zusammenlebte.

Weitere Kündigungsgründe sind: eine homosexuelle Lebenspartnerschaft, positive öffentliche Äußerungen zum Thema Homosexualität und Abtreibung oder negative über den Papst, ein nachgewiesener Schwangerschaftsabbruch. Auch eine künstliche Befruchtung, sogar vom eigenen Ehemann, ist nicht mit der Moral und Sittenlehre der Kirche vereinbar.

Für all diese Fälle gibt es konkrete theologische Begründungen. Finden sie sich nicht in der Bibel, weil sich das Problem aus dem Fortschritt ergibt, verfassen die Experten der Zentralbehörde der katholischen Kirche, der Glaubenskongregation, neue Texte. Für die künstliche Befruchtung ist es die Instruktion »Dignitas Personae – Über einige Fragen der Bioethik«, die mit folgendem Satz eröffnet: »Die vorliegende Instruktion richtet sich an die Gläubigen und an alle wahrheitssuchenden Menschen.« Im Abschnitt »Techniken zur Unterstützung der Fruchtbarkeit« findet sich die Herleitung, warum eine künstliche Befruchtung für Christen nicht infrage kommen darf:

»Techniken, die sich als Hilfestellung für die Zeugung erweisen, sind nicht deshalb abzulehnen, weil sie künstlich sind. Als solche zeigen sie die Möglichkeiten ärztlicher Kunst. Aber man muss sie aus moralischer Sicht bewerten, indem man sie auf die Würde der menschlichen Person bezieht, die gerufen ist, die göttliche Berufung zum Geschenk der Liebe und zum Geschenk des Lebens zu verwirklichen.« Das bedeutet: Der Mensch ist von Gott zur ehelichen Liebe und zur Fortpflanzung berufen. Das kann und darf ein künstlicher Vorgang nicht ersetzen. »Im Licht dieses Kriteriums sind alle Techniken der (…) künstlichen Befruchtung (…), die den ehelichen Akt ersetzen, auszuschließen.« Egal ob zwischen Eheleuten oder mit einem externen Spender, die künstliche Befruchtung widerspreche christlichen Lebensvorstellungen. Denn: »Die menschliche Fortpflanzung ist ein personaler Akt des Paares von Mann und Frau, der in keiner Weise delegiert oder ersetzt werden kann. Dass man bei den Techniken der In-vitro-Befruchtung die hohe Rate an tödlichen Ausgängen stillschweigend hinnimmt, zeigt in beredter Weise, dass der Ersatz des ehelichen Aktes durch eine technische Prozedur nicht nur unvereinbar ist mit der geschuldeten Achtung vor der Fortpflanzung, die nicht auf die bloß reproduktive Dimension eingeschränkt werden kann, sondern auch dazu beiträgt, das Bewusstsein der gebührenden Achtung vor jedem Menschen zu schwächen. Die Anerkennung dieser Achtung wird hingegen gefördert durch die Intimität der Verheirateten, die von ehelicher Liebe beseelt ist.« Und deshalb sind alle Alternativen verboten. »Erlaubt sind gewiss die Eingriffe zur gezielten

Entfernung von Hindernissen, die der natürlichen Fruchtbarkeit entgegenstehen, wie zum Beispiel die hormonale Behandlung der Unfruchtbarkeit (...) die Öffnung der Eileiter oder die mikrochirurgische Wiederherstellung der Eileiterdurchgängigkeit. Alle diese Techniken können als echte Therapien betrachtet werden. Ist nämlich das Problem, das die Unfruchtbarkeit verursacht hat, einmal gelöst, kann das Paar eheliche Akte vollziehen, die zu einer Zeugung führen, ohne dass der Arzt direkt in den ehelichen Akt eingreifen muss. Keine dieser Techniken ersetzt den ehelichen Akt, der allein einer wahrhaft verantwortungsvollen Zeugung würdig ist.« Papst Benedikt XVI. selbst, so steht es unter der Anordnung, habe die Instruktion »gutgeheißen und deren Veröffentlichung angeordnet. Rom, am Sitz der Kongregation für die Glaubenslehre, am 8. September 2008, dem Fest der Geburt der seligen Jungfrau Maria«.

Was ist mit dem Recht der Mitarbeiter auf Privatsphäre? Was ist mit dem Recht auf Glaubens- und Gewissensfreiheit, auf freie Entfaltung der Persönlichkeit, auf Freiheit der Berufswahl? Dem Schutz vor Diskriminierung? Schränken die Vorgaben, die sich aus der katholischen Lehre für das Privatleben der kirchlich beschäftigten Christen ergeben, womöglich Grundrechte ein? Kann es sein, dass die arbeitsrechtlichen Normen der Kirche geltendes Recht überlagern?

Ein Indiz dafür ist das »Gesetz zur Lebenspartnerschaft«, das der rechtlichen Absicherung gleichgeschlechtlicher Beziehungen dienen soll. Es wurde im Februar 2001 von der Bundesregierung beschlossen. Knapp anderthalb Jahre später hat die Deutsche Bischofskonferenz – der Zusammenschluss der katholischen Bischöfe in Deutschland – im Juni 2002 eine Erklärung »zur Unvereinbarkeit von Lebenspartnerschaften nach dem Lebenspartnerschaftsgesetz mit den Loyalitätsobliegenheiten nach der Grundordnung des kirchlichen Dienstes im Rahmen kirchlicher Arbeitsverhältnisse« verabschiedet. Darin halten die Bischöfe fest, dass das bundesdeutsche Gesetz zur Lebenspartnerschaft für ihre Mitarbeiter nicht gelte: Die Lebenspartnerschaft widerspreche »der Auffassung über Ehe und Familie, wie sie die katholische Kirche lehrt«. Die Konsequenz: »Mitarbeiterinnen und Mitarbeiter im kirchlichen Dienst, gleich ob sie der katholischen Kirche angehören oder nicht, die nach diesem Gesetz eine ›eingetragene Lebenspartnerschaft‹ eingehen, verstoßen dadurch gegen die für sie geltenden Loyalitätsobliegenheiten.«

Als mögliche Folge droht die Kündigung. Wie reagiert der Staat darauf? Was sagen die Gerichte in einem solchen Fall? Im Jahr 2011 entließ die Pfarrkirchenstiftung St. Cosmas und Damian in Beuren im Landkreis Neu-Ulm die Leiterin ihres katholischen Kindergartens. Als Grund nannte die Kirche die homosexuelle Lebenspartnerschaft der Erzieherin, die eine »schwerwiegende Loyalitätspflichtverletzung im Sinne der kirchlichen Grundordnung« darstelle. Das Besondere an ihrem Fall: Die Kündigung sollte der Kindergärtnerin während ihrer Elternzeit ausgesprochen werden, die sie nach der Geburt ihres Sohnes im August 2011 angetreten hatte. Ihrem Antrag auf Elternzeit hatte die Kindergartenleiterin eine Bescheinigung ihrer eingetragenen Lebenspartnerschaft beigelegt. Damit trug sie ihre Beziehung zum ersten Mal in die Öffentlichkeit. Zuvor hatte sie diese ihrem Arbeitgeber jahrelang verschwiegen.

Kündigt in Deutschland ein Arbeitgeber seinem Mitarbeiter während der Elternzeit, ist das ein besonders gravierender Fall und die für den Arbeitsschutz zuständige Landesbehörde muss zustimmen. Das tat sie hier nicht. Sie erklärte, dass der Schutz der Familie schwerer wiege als die katholische Glaubenslehre, und ließ die Kündigung nicht zu. Die Kirche reagierte prompt und klagte gegen die Behörde und somit gegen den Freistaat Bayern, um die Kündigung doch noch durchzusetzen.

Zunächst sah es für die Erzieherin vor Gericht gut aus: Die Richter wiesen die Klage der Kirche mit der Begründung ab, dass der Schutz der Elternzeit in der Tat höher zu bewerten sei als das Interesse der Kirche, das Arbeitsverhältnis schon während der Elternzeit zu beenden. Dann folgte eine entscheidende Einschränkung: Wenn die Elternzeit vorbei sei, dürfe die Kirche die Mitarbeiterin allerdings entlassen. Denn als Religionsgemeinschaft habe sie das Recht, Mitarbeiter zu entlassen, sofern diese gegen die entsprechende Glaubens- und Sittenlehre verstoßen. Genau das tat die Kirche: Als die Elternzeit im August 2012 endete, erhielt die Kindergärtnerin die Kündigung. Prompt zog sie wieder vor Gericht. Am 8. Oktober 2012 findet sich auf der Internetseite des Lesben- und Schwulenverbandes in Deutschland folgende Notiz: »Katholische Kirche macht Rückzieher – lesbische Erzieherin erhält hohe Abfindung.« Und weiter: »Das Arbeitsgericht hatte die Parteien ›auf die Vielzahl der Presseanfragen‹ hingewiesen und vorgeschlagen, dass die Erzieherin die Auflösung ihres Arbeitsverhältnisses zum Ende der Elternzeit akzeptieren und ihr die katholische Kirche dafür im Gegenzug die übliche Regelabfindung zahlen soll. Diese ist sehr hoch, weil die Mitarbeiterin vierzehn Jahre bei der katholischen Kirche beschäftigt war. Das haben die Parteien akzeptiert. (…) Der Lesben- und Schwulenverband (LSVD) begleitet zurzeit vier lesbische Lebenspartnerinnen als Beistand, die als Kindergärtnerinnen bei der katholischen Kirche beschäftigt sind und entlassen werden sollen, weil sie ein Kind geboren haben und deshalb eine gleichgeschlechtliche Lebenspartnerschaft eingegangen sind. Die katholische Kirche würde die Frauen weiter beschäftigen, wenn sie sich bereit erklären würden, sich von ihrer Frau scheiden zu lassen und ihr Kind als Alleinerziehende großzuziehen. (…) Allen Betroffenen raten wir dringend, sich an den LSVD zu wenden, wenn sie Probleme mit ihrem katholischen Arbeitgeber haben.«

In Fällen wie diesen argumentiert die Kirche, dass die Mitarbeiter kirchlicher Einrichtungen das Wertesystem und die Moral der Kirche vermitteln und vorleben sollen, anstatt mit ihrem Verhalten der christlichen Glaubenslehre zu widersprechen und so die Glaubwürdigkeit ihres Arbeitgebers infrage zu stellen. Das gilt besonders für Angestellte, die in ihrer Arbeit mit Kindern zu tun haben, also vor allem in Kindergärten und Schulen. Ob der Küchenhilfe im kirchlichen Altenheim oder dem Waldarbeiter der Pfarrei aus diesen Gründen gekündigt wird, ist Abwägungssache, liegt allein bei der Kirche und nicht in der Hand staatlicher Gerichte. Beide christlichen Kirchen sind sich einig, dass ein Gericht eines religiös neutralen Staates nicht einschätzen kann, inwieweit Aufgaben von Mitarbeitern in kirchlichen Einrichtungen den sogenannten Verkündigungsauftrag betreffen.

Ganz grundsätzlich aber gilt: Alle Mitarbeiter – ob Kindergartenleiterin oder Altenpfleger, ob Lehrer, Rettungssanitäter oder Schuldenberater bei der Caritas – tragen in den Augen der Kirche durch ihren Dienst am Nächsten zur Verkündigung bei. Deshalb sollen sie sich, vor allem nach Vorstellung der katholischen Kirche, sowohl im Dienst als auch daheim den christlichen Moralvorstellungen gemäß verhalten.

Das eigentlich Interessante am Fall des Düsseldorfer Chefarztes sei, so Anwalt Norbert H. Müller, dass es dem Gericht gar nicht darum ging, das kirchliche Arbeitsrecht grundsätzlich infrage zu stellen, sondern darum, ob die Kirche ihre eigenen Normen überhaupt konsequent anwende. Der Chefarzt wurde erst entlassen, als er neu heiratete. Die Kirche wusste über Jahre von der neuen Beziehung, dass die beiden schon zusammenlebten, und trotzdem hatte dies für den Arzt keine arbeitsrechtlichen Folgen. »In diesem Fall konnte man also den Eindruck bekommen, dass sich die Kirche Entlassungsmöglichkeiten auf Vorrat hält«, sagt Norbert H. Müller. Das Gericht habe zudem kritisiert, dass dadurch klar werde, dass die Kirche nicht mit allen Mitarbeitern gleich verfahre, dass sie inkonsequent sei.»Es ist ein Problem, wenn die Kirche sich nicht an ihre eigenen strengen Regeln hält. Wenn sie eben Frau Knecht bei der Stellensuche in Bonn unterstützt oder, wie beim Chefarzt, die neue Partnerin erst duldet und ihm dann aber doch kündigt, wenn es ihr passt.« Genau in diesen Fällen bekämen die Arbeitnehmer, nach seinem Eindruck, immer häufiger recht. Die Arbeitsgerichte würden bei Kündigungsklagen seltener automatisch im Sinne des kirchlichen Arbeitgebers entscheiden und bei der Urteilsverkündung nicht nur auf das Grundgesetz und das Selbstbestimmungsrecht verweisen. »Jahrzehntelang haben die Gerichte die Einzelumstände dieser Entlassungen nicht genug berücksichtigt. Es gab keine Abwägung, sondern in der Regel nur den Verweis auf das Recht auf Selbstbestimmung. Das scheint sich ganz behutsam zu wandeln. Es ist eine gesellschaftspolitische Frage, wie viel Spielraum die Kirche hat.«

Bestätigt wird Norbert H. Müllers These von Professor Georg Bier, der in Freiburg katholisches Kirchenrecht lehrt. »Die Interessenabwägung vor Gericht entscheidet immer öfter gegen die katholische Grundordnung oder die evangelische Loyalitätsrichtlinie«, sagt auch er. »Ich habe den Eindruck, dass die Gerichte anfangen, genauer hinzuschauen.« In der Vergangenheit habe es in Deutschland immer eine eher kirchenfreundliche Rechtsprechung gegeben, das ändere sich im Einzelfall nun deutlich. Dafür nennt Georg Bier denselben Grund wie der Anwalt aus Bochum. »Das größte Problem der Kirche ist die Inkonsequenz im Umgang mit ihrem eigenen Recht.« Die Anwendung kirchlichen Rechts sei schlicht nicht homogen und die Formulierungen in der christlichen Grundordnung, die Bestandteil des Arbeitsvertrages ist, seien teilweise vage. Außerdem sei die so weitgehende Auslegung des Selbstbestimmungsrechtes der Kirchen unter Juristen nicht unumstritten.

Erstaunlich, hebt Professor Bier hervor, sei außerdem: »Die Rechte der Religionsgemeinschaften sind in Deutschland ausgeprägter als in anderen europäischen Staaten. Deshalb ist es nicht unwahrscheinlich, dass Reformanstöße von europäischer Seite ausgehen könnten.« Denn dort sähen Gerichte die Sondersituation in Deutschland und es kämen vereinzelt Hinweise auf Reformbedarf.

Ein Beispiel veranschaulicht die Entwicklung. Ende 2010 fällte der Europäische Gerichtshof für Menschenrechte in Straßburg das sogenannte »Kirchenmusiker-Urteil«. Ein Kirchenmusiker hatte seine Arbeit in einer katholischen Kirchengemeinde verloren, weil er sich von seiner Frau getrennt hatte, zu seiner neuen Freundin gezogen war und mit ihr ein Kind bekommen hatte. Ehebruch und Bigamie, urteilte die Kirche und entließ ihn. Der Musiker klagte sich in Deutschland durch drei Instanzen. Doch in seinem Fall billigte das Bundesarbeitsgericht die Kündigung mit Verweis auf das kirchliche Arbeits- und Selbstbestimmungsrecht.

Zwar akzeptierten die Richter in Straßburg grundsätzlich das deutsche Selbstbestimmungsrecht, aber sie brachten für diesen Einzelfall ein anderes Argument ins Spiel. Sie verwiesen darauf, dass ein Organist auf dem Arbeitsmarkt nur schwer vermittelbar sei und dass die Kirche ehebrüchigen Mitarbeitern somit nicht in jedem Fall kündigen dürfe.

»Die Frage, ob ein Mitarbeiter, der von der Kirche entlassen wird, in der Region noch eine Arbeit findet, ist aus Kirchensicht völlig neu«, erklärt Professor Bier. Eine solche Abwägung gebe es im Normalfall nicht, wenn der Mitarbeiter so offensichtlich gegen die christlichen Moralvorstellungen verstoßen habe.

Der Europäische Gerichtshof nimmt also über sein Urteil die Kirchen stärker in die Pflicht und bestimmt zugleich über die deutschen Gerichte. Denn er befindet, dass dem Organisten durch die Rechtsprechung der Bundesrepublik Schaden entstanden sei. Im Juni 2012 gab der Gerichtshof bekannt, dass der deutsche Staat dem Organisten deshalb vierzigtausend Euro Entschädigung zahlen muss. Der Staat zahlt, nicht die Kirche.

»Auch das ist neu«, erläutert Professor Bier, »dass nun die Bundesregierung von einem europäischen Gericht zur Zahlung verpflichtet wird. Das könnte zu einer Korrektur, zumindest aber zu einem Überdenken der kirchenfreundlichen Rechtsprechung führen. Denn sie könnte für den Staat auf Dauer teuer werden.« Dies sei natürlich nur ein Teil des Problems. Kritisch sehe er vor allem Folgendes: »Wenn die Kirchen in einem Fall sehr streng mit Kündigung reagieren und in einem anderen Fall nicht, weil etwa ein Pfarrer liberaler eingestellt ist oder selbst nach Alternativen sucht, verwirkt die Kirche ihren Anspruch auf die eigenständige Reglung ihrer Arbeitsverhältnisse, die ihr von Rechts wegen zusteht.« Flexibilität im Einzelfall heiße: keine Rechtssicherheit für den Arbeitnehmer. Das sei auf Dauer nicht durchsetzbar.

Im Fall von Bernadette Knecht ist die Kirche nicht konsequent gewesen, denn Pfarrer Udo Maria Schiffers hat Bernadette Knecht bei der Bewerbung in einer anderen katholischen Einrichtung in Bonn geholfen. Es entsteht der Eindruck, dass die Kirchenoberen selbst zögern, die Regeln so durchzusetzen, wie sie im kirchlichen Arbeitsrecht festgeschrieben sind. Stellt die Tatsache, dass die Vorgesetzten nach Alternativen suchen, die sie eine »menschliche« oder »barmherzige Lösung« nennen, nicht das ganze kirchliche Ausnahmerecht infrage? Sind die eigenen kirchlichen Regelungen »unmenschlich« und »unbarmherzig«?

Oder ist das Motiv ein ganz anderes? Gerade in den sozialen Einrichtungen ist qualifiziertes Personal knapp. Wenn man davon ausgeht, dass auch die Kirchen die besten Mitarbeiter in ihren Häusern beschäftigen wollen, können sie mit ihren strengen Vorgaben schnell Personalprobleme bekommen. Wie viele Mitarbeiter gibt es heute überhaupt noch, die allen moralischen Anforderungen genügen? Wie viele Einrichtungen könnten die Kirchen überhaupt noch betreiben, wenn sie alle geschiedenen, wiederverheirateten, homosexuellen, nicht christlichen Mitarbeiter entlassen oder gar nicht erst einstellen würden?

Unabhängig davon besteht das Risiko, dass im Zweifel eine schlechter qualifizierte Kraft eingestellt wird, nur weil sie den richtigen Glauben hat. Warum wehren sich diejenigen, die die Einrichtungen finanzieren, nicht dagegen? Können sich die Kommunen, die gute Kindergärten, Krankenhäuser und Altenheime anbieten wollen, die die Einrichtungen bezahlen, solche Einschränkungen leisten? Darf man eine Kindergartenleiterin wie Bernadette Knecht, die nicht von der Kirche bezahlt wird, die seit Jahren gute Arbeit macht und die in jeder kommunalen Einrichtung weiterarbeiten könnte, gehen lassen, weil die Kirche das möchte?

7.
Wir schließen sonst!
Wie man mit der Kirche sparen kann

Am 4. Februar 2012 erscheint der erste Artikel zum Fall von Bernadette Knecht im Bonner Generalanzeiger. Die Überschrift:»Kindergartenleiterin gekündigt – nach Trennung von ihrem Mann wird die 47-Jährige von der katholischen Kirche entlassen.« Im Kommentar zum Thema ist zu lesen:»Lebenslinien sind oft nicht so geradlinig wie die katholische Lehre.« Zu den Eltern heißt es:»Die Kirche sägt genau den Ast ab, auf dem sie sitzt. Sie verprellt ihre ›Zielgruppe‹, die zugleich ihre Zukunft ist.« Die Öffentlichkeit, die Bernadette Knecht nie gewollt hat, jetzt ist sie da. Lange haben die Beteiligten im Dorf versucht, alles unter sich zu klären. Doch nun lässt es sich nicht mehr aufhalten.

»Wir haben schon im November 2011 ein anonymes Fax in die Redaktion bekommen«, erzählt Hansjürgen Melzer. Der Lokaljournalist sitzt in der Außenstelle des Bonner Generalanzeigers in Bad Honnef, von wo aus über den Nachbarort Königswinter berichtet wird. Er beschreibt, wie er sich zunächst über das formlose Schreiben gewundert habe, in dem gefragt wurde, ob die Zeitung nicht wisse, was im Rauschendorfer Kindergarten passiere, warum sie nicht berichte. Der Generalanzeiger solle sich doch des Themas annehmen.

Hansjürgen Melzer kennt Bernadette Knecht, denn nicht selten hat er über ihre besonderen Musikprojekte geschrieben. »Ich habe damals direkt bei ihr angerufen und sie hat mich an Peer Jung weiterverwiesen. Er hat mich eindringlich gebeten, mit einem Artikel noch abzuwarten. Die Eltern wollten erst einmal versuchen, die Sache mit dem Pfarrer und dem Kirchenvorstand in Ruhe zu klären. Sie haben gesagt, sie suchten im Dorf gemeinsam nach einer Lösung und könnten eine öffentliche Diskussion nicht gebrauchen.« Darauf habe die Redaktion Rücksicht genommen. Aber nach der Kündigung im Januar sei ein Artikel unumgänglich geworden.

Der Generalanzeiger berichtet also und bittet auch die Stadt um eine Stellungnahme. Von dort heißt es unmissverständlich: Es sei nicht Aufgabe der Verwaltung, das Agieren der Kirche zu bewerten. »Wenn die Kirche Trägerin bleiben will, gibt es aus unserer Sicht keinen Handlungsbedarf«, wird Holger Jung, der zuständige Dezernent, zitiert. Zu einer Kündigung der Trägerschaft habe die Stadt keine Veranlassung. Dass bei der Kirche besondere arbeitsrechtliche Verhältnisse herrschten, sei bekannt. Die CDU/FDP-Mehrheit im Stadtrat sehe keinen Grund, sich einzuschalten.

Zur selben Zeit erscheinen in der Zeitung die ersten Leserbriefe zum Thema. So eine Flut von Zuschriften und Blog-Kommentaren hat es in der Zeitung selten gegeben. »Nur bei Karl-Theodor zu Guttenberg hatten wir schon einmal so viele«, lacht Hansjürgen Melzer.

Die Geschichte von Bernadette Knecht bewegt die Leser: »Sie hat sich aus Sicht des Vorgesetzten nicht an die kirchliche Regel gehalten, ist ein schlechtes Vorbild. Welches Vorbild aber gibt der Pfarrer ab?«, heißt es in einer Zuschrift. »Wem es lebenslang verwehrt ist, das Sakrament der Ehe zu empfangen, mag es schwer nachvollziehen können, wie groß die tägliche Aufgabe ist, das Zusammenleben in Ehe und Familie zu meistern.« Und weiter: »Wieder einmal eine dieser Zumutungen, die wir Noch-Katholiken aushalten sollen.« Eine Leserin aus Königswinter fragt: »Warum darf die katholische Kirche eigenständige Personalentscheidungen für eine Einrichtung treffen, zu deren Finanzierung sie nur einen geringen Teil beiträgt? Wer zahlt, bestimmt die Musik! Warum wird der Kirche hier immer noch so viel Einfluss zugestanden?«

Der, der in Königswinter die Musik bestimmt, heißt Peter Wirtz. Seit 1999 ist der CDU-Mann Bürgermeister der Rheinstadt und damit auch von Rauschendorf. Peter Wirtz ist Anfang fünfzig. Er ist in Königswinter geboren und aufgewachsen. Mit achtzehn Jahren hat er ein Praktikum, dann seine Ausbildung bei der Stadtverwaltung gemacht, und seither arbeitet er dort. Wer ihn auf seinem Weg begleiten will, muss sich beeilen, denn Peter Wirtz läuft in seiner Freizeit Marathon und ist auch sonst schnell unterwegs. Auf der Rathaustreppe nimmt er nur jede zweite Stufe. Erst als er die Tür zu seinem Büro geöffnet, die Sekretärin begrüßt und schließlich an seinem Schreibtisch Platz genommen hat, wird er ruhiger. Hinter ihm an der Wand hängen ein Foto seiner drei erwachsenen Töchter, eine Landkarte der Region und ein Ölbild, Königswinter von der anderen Rheinseite aus gesehen. Mit Petersberg und Drachenfels. Neben der Bürotür befindet sich ein kleines Kreuz. Gleich könne er gerne etwas zum Thema Rauschendorf sagen, nur noch ein Blick in die Postmappe. Ja, die Fragen der Zeitungsleser kämen ihm bekannt vor. Ja, er sei oft angesprochen worden, erzählt er. Warum die Stadt nicht eingreifen könne, habe man ihn gefragt.

Erst vor fünf Jahren hat sich die Stadtverwaltung entschieden, die sechs Kindergartengruppen der katholischen Kirche zu hundertzwei Prozent zu finanzieren. Kam ihm das nicht ungewöhnlich vor, dass die Politik nur zahlen, aber nicht mitreden darf? »Überhaupt nicht«, erwidert Peter Wirtz und die Art, wie er es sagt, lässt keinen Zweifel aufkommen, dass er sich seiner Sache sicher ist. »Überhaupt nicht«, wiederholt er. »Dazu muss man allerdings sagen: Ich bin überzeugter Christ.« Er macht eine kurze Pause, bevor er erklärt: »Das beeinflusst meine Amtsgeschäfte nicht.«

Peter Wirtz ist nicht nur Bürgermeister, er ist auch, genau wie Anwalt Thomas Schulte-Beckhausen, Kirchenvorstand im übergeordneten Gremium, dem Kirchengemeindeverband. Die Region Königswinter hat zwei Gemeindeverbände. Einen oben auf dem Berg, dazu gehören Pfarrer Schiffers und Thomas Schulte-Beckhausen, einen unten im Tal, dazu gehört Peter Wirtz. Mit der Kündigung von Bernadette Knecht hat der Bürgermeister nichts zu tun. Aber käme es im Tal zu einer ähnlichen Konstellation, würde er über die Zukunft der Mitarbeiterin mitentscheiden. Nicht als Bürgermeister, sondern als Kirchenvertreter.

Wieso hat die Kirche damals beschlossen, die Förderung der katholischen Kindergärten zurückzufahren? Im Jahr 2007 kündigte das Bistum Köln an, zahlreiche Einrichtungen in der Diözese zu schließen, darunter zwei in Königswinter. Als Grund nannten die Kirchenvertreter neben den stetig sinkenden Kirchensteuereinnahmen, dass Angebot und Nachfrage nicht mehr zusammenpassten. Das Bistum selbst wies damals die Kommunen darauf hin, dass die Zahl der katholisch getauften Kinder deutlich zurückgehe und mit dem Angebot an kirchlichen Kindergärten schlicht nicht mehr zusammenpasse.

Warum hat die Stadtverwaltung das nicht als Signal gesehen? Warum richtete sie in dieser Situation kein eigenes kommunales Angebot ein, das es bislang in Königswinter nicht gibt? Warum übernahm sie stattdessen den Eigenanteil der Kirche mit und zahlt heute lieber hundert Prozent für eine kirchliche Einrichtung anstatt für eine städtische?

Natürlich sei seine persönliche Verbindung zum kirchlichen Träger nicht der Grund für die Entscheidung gewesen, sagt Peter Wirtz bestimmt. Vielmehr sei die gute Zusammenarbeit, die gute Erfahrung mit den Kirchen entscheidend gewesen. Aber, und das sei in Zeiten klammer Kassen klar, auch Geld habe eine Rolle gespielt. »Den Anteil der Kirchen mit zu übernehmen ist wesentlich wirtschaftlicher als andere Lösungen«, erklärt der Bürgermeister. »Einen städtischen Kindergarten aufzumachen ist viel teurer, weil der kommunale Kindergarten wesentlich geringere Landeszuschüsse bekommt und dann der Anteil, den die Stadt zahlen muss, dementsprechend höher ist.«

In Nordrhein-Westfalen sind sechsundvierzig Prozent der Kindergärten katholisch oder evangelisch. Für sie zahlt das Land achtundachtzig Prozent Zuschuss, für kommunale Kindergärten nur neunundsiebzig Prozent. Wenn die Stadt also die zwölf Prozent, die die Kirche eigentlich per Gesetz selbst zahlen müsste, aufstockt, ist es für sie immer noch günstiger, als wenn sie einundzwanzig Prozent für eine eigene Einrichtung zahlt.»Außerdem muss man so auch keine eigene Verwaltung aufbauen, um die Kindergärten zu betreuen«, erklärt der Bürgermeister.»Für den Steuerzahler ist das günstiger.« Deshalb sehe er dieses Arbeitsmodell zwischen Stadt und Kirche als Vorteil und nicht als Problem an.

Die Kommune spart zwar Geld, verliert aber jeden Einfluss. Allein die Kirche hat die Hoheit über Personalplanung und Organisation in den christlichen Kindergärten, denn trotz staatlicher Vollfinanzierung gilt dort nach wie vor kirchliches Arbeitsrecht.

»Es gibt Kommunen, die sagen: Wir wollen steuern, deshalb machen wir das lieber selbst«, berichtet Ursula Krickl vom Deutschen Städte- und Gemeindebund. Aber das koste entsprechend viel. Übernehme die Stadt beispielsweise einen Kindergarten von einer Kirche, müsse sie auf einmal selbst die Verwaltung dafür aufbauen und übernehmen. Das spreche gegen die Entscheidung, eine eigene Einrichtung zu eröffnen. Selbst wenn die Nachfrage groß sei.»Ein kirchlicher Träger bietet einfach viele Einsparmöglichkeiten. Zwar herrschen in jedem Bundesland andere Bedingungen, aber finanziell lohnt es sich fast immer.« Neben den teilweise höheren Landeszuschüssen gebe es für die freigemeinnützigen Träger Steuererleichterungen, zum Beispiel die Befreiung von der Umsatz- und der Körperschaftssteuer. Sie gelte für kirchliche Kindergärten, nicht aber für kommunale und privatgewerbliche. »Dann kommen noch die fünf Prozent Eigenleistung hinzu, die die Kirchen im Durchschnitt übernehmen. Oder ihnen gehört zum Beispiel das Gebäude.« Für die Kommunen summiere sich das. »Das ist nicht nur bei den Kindergärten so, sondern bei vielen Einrichtungen sozialer Art.« Denn kirchliche Träger können zum Beispiel Gebühren erheben, die Kommunen nicht fordern dürfen. Wie etwa ein Schulgeld. Bei Schulen in konfessioneller Trägerschaft spricht eine Studie des Instituts der deutschen Wirtschaft in Köln aus dem Jahr 2011 in diesem Zusammenhang von »Entlastungseffekten der öffentlichen Haushalte«. Konkret heißt es dort, dass die Differenz zwischen staatlichen Ausgaben je Schüler an allgemeinbildenden Schulen und gezahlter Finanzhilfe je Schüler an Privatschulen bei den Vollkosten eine »Entlastung von insgesamt 2,4 Milliarden Euro« ergebe. Natürlich gilt das nicht nur für die Kirchen, sondern ebenfalls für andere freie Träger wie etwa die Waldorfschulen. Aber: Die konfessionellen Schulen sind die größte Gruppe auf diesem Markt.

Und nicht zuletzt macht es die Tatsache, dass kirchliche Träger teilweise unter Tarifvertrag des öffentlichen Dienstes zahlen, für den Staat teurer, die Einrichtungen selbst zu übernehmen.

Doch was hilft einem Bürgermeister eine katholische Einrichtung, ein katholischer Kindergarten, der für den Steuerzahler günstiger ist, den der Steuerzahler aber nicht mehr anerkennt? Was hilft es, wenn die Stadtverwaltung Vertrauen in die Kirche als Träger hat, die Eltern aber nicht?

Im Februar 2012, Bernadette Knecht hat ihre Kündigung bekommen und die öffentliche Diskussion ist nach den Zeitungsartikeln in Fahrt gekommen, lassen sich die Eltern einen weiteren Termin beim Bürgermeister geben. Sie wollen ihm nach den gescheiterten Gesprächsversuchen mit Pfarrer Schiffers und dem Kirchenvorstand die neue Sachlage schildern.

Peer Jung berichtet im Herbst 2012, dass dieses Treffen mit Peter Wirtz erfrischend unemotional gewesen sei. »Davon hatten wir ja auf der anderen Seite mit dem Pfarrer genug«, schmunzelt er. »Und schließlich«, fügt er noch hinzu,»hat er uns an diesem Tag den entscheidenden Tipp gegeben. Ohne es zu ahnen.«

Bei diesem Treffen erklären die Eltern dem Bürgermeister, dass es in Rauschendorf längst nicht mehr nur um Bernadette Knecht gehe. Sie, die Eltern, könnten mit der Kirche als Träger nicht mehr auskommen. Das stehe nun fest. Die vielen vergeblichen Vermittlungsversuche hätten gezeigt, dass das Verhältnis zerrüttet sei. »Wir haben ihm gesagt, dass es nun eine Möglichkeit geben müsse zu handeln, weil alle Eltern sagen: Mit diesem Träger geht es für uns nicht mehr«, erinnert sich Peer Jung. »Wir haben sogar darüber diskutiert, unsere Kinder allesamt abzumelden.«

Die öffentliche Diskussion habe ihnen dabei Rückenwind gegeben. »Das hatte inzwischen eine völlig andere Dimension erreicht. Das, worum es uns ging, dass wir nur unsere Kindergärtnerin behalten wollten, war plötzlich ein Nebenkriegsschauplatz geworden.« Cordula Schuhmacher nickt. Die Apothekerin, deren Sohn zu Bernadette Knecht in den Kindergarten geht, hat Peer Jung bei zahlreichen Gesprächsterminen begleitet. Ihr fiel die aufkommende öffentliche Diskussion schwer. Sie ist gläubige Katholikin und in der Gemeinde aktiv. »Mir ist bewusst geworden, wie groß die Kluft zwischen der Amtskirche und der Kirche als Gemeinschaft von Gläubigen tatsächlich geworden ist. Dass da so viele doch so kritisch gegenüber der Kirche und ihren Institutionen sind, hat mich schon sehr überrascht. Uns ging es ja am Anfang vor allem um Frau Knecht und nicht um die Frage der Trennung von Staat und Kirche.« »Ja«, erwidert Peer Jung etwas zögerlich, »aber die Frage, die jetzt in der Öffentlichkeit grundsätzlich gestellt wird, ist durchaus berechtigt. Wer wie die Stadt öffentliche Gelder verwaltet, muss die Möglichkeit zu einem gewissen Einfluss haben.« Es gehe bei Kindergärten um die Unterstützung der Eltern und nicht um die Unterstützung der Kirche. »Das ist ein Kritikpunkt, der bundesweit gilt. Wie sind die Mitwirkungsrechte? Wir haben hier in Königswinter viele katholische Kindergärten. Die werden, wie das bei der katholischen Kirche ist, monarchistisch verwaltet. Dagegen sind die Elterninitiativen natürlich völlig anders, sie kämpfen um jeden Euro, entscheiden aber auch völlig anders, da haben die Eltern einen ganz anderen Einfluss. Wir haben nichts zu sagen und zahlen doch alles. Das ist mit unserem Demokratieverständnis schlecht vereinbar. Und das ist so lange in Ordnung, wie sich niemand beschwert. So, und jetzt finden ganz viele aber, dass das gar nicht mehr geht.« Er denkt kurz nach. »Darüber hinaus geht es hier um das kirchliche Arbeitsrecht, wo jetzt alle sagen, wie kann man nur, das ist doch anachronistisch. All das entzündet sich gerade an diesem Fall.«

Am Ende des Gesprächs habe ihnen der Bürgermeister ein letztes Mal klargemacht, dass die Stadtverwaltung nicht vorhabe, sich wegen dieser Sache mit der Kirche auseinanderzusetzen, weil alles, was in Rauschendorf passiere, im Rahmen geltender Gesetze stattfinde. »Einen Tipp hat er uns aber doch noch gegeben«, erzählt Peer Jung. »Wir sollten einen Bürgerantrag stellen. Das war der entscheidende Hinweis.«

Ein Bürgerantrag ist die Chance für jedermann, sich an den Rat seiner Stadt zu wenden, um eine Beschwerde einzureichen oder eine Abstimmung in einer bestimmten Sache herbeizuführen. In diesem Fall ist die »bestimmte Sache« eine Kündigung. Nicht für Bernadette Knecht, sondern für die katholische Kirche. Die Eltern fahren nach Hause und beginnen zu schreiben.

Fragt man Bürgermeister Peter Wirtz, warum der Fall von Bernadette Knecht für die Stadtverwaltung nicht Grund genug war, mit der Kirche zu diskutieren, sagt er: »Ich möchte nicht auf einzelne Personen eingehen, aber wenn ich bei einem Arbeitgeber einen Arbeitsvertrag unterschreibe, weiß ich, was das bedeutet. Entsprechend muss ich mich danach richten oder ich suche mir einen neuen Arbeitgeber. Wenn der Staat vor dem Hintergrund der gesellschaftlichen Entwicklung damit ein Problem hat, muss er die gesetzlichen Rahmenbedingungen ändern. Aber das kann man schlecht einer Kommune vor Ort als eigene Verantwortung aufs Auge drücken. Ich glaube, da muss man die Relationen wahren.« Das klingt zumindest danach, als sehe er die Einschränkungen des besonderen kirchlichen Rechts kritisch. »Sicherlich«, sagt der Bürgermeister und fährt fort, »das Problem sieht man an vielen Stellen. Ich bin in einem Nebenamt noch in einem kirchlichen Krankenhaus im Aufsichtsrat tätig. Da stellt sich die Problematik ähnlich dar. Trotzdem: Ich stehe absolut hinter diesem Arbeitsrecht.«

In Königswinter sind zehn von achtundzwanzig Kindergärten christlich. Drei von acht Grundschulen. Eine von zwei Realschulen. Eins von zwei Gymnasien. Es gibt sechs christliche Altenheime. Auch das nächstgelegene Krankenhaus ist katholisch.

In all diesen Einrichtungen spielt die Konfession bei der Bewerbung eine Rolle. In den katholischen Häusern sind die privaten Lebensumstände entscheidend für Einstellung oder Entlassung. Fünfzehn Kilometer von Rauschendorf entfernt, im Berufsinformationszentrum der Agentur für Arbeit in Bonn, sitzt eine Mitarbeiterin, die anonym etwas zu diesem Thema beitragen möchte. Sie stellt folgende Frage: Würden Sie an meiner Stelle einer jungen Schülerin oder einem Schüler, der nicht getauft oder der muslimisch ist, raten, eine Ausbildung im Bereich Erziehung oder Krankenpflege zu machen, wenn der Arbeitsmarkt für sie oder ihn so eingeschränkt ist? Dass dies nicht nur ein Problem des katholischen Rheinlands ist, zeigen folgende Zahlen: Jedes dritte Allgemeinkrankenhaus ist christlich. Mehr als jeder dritte Kindergarten. Ebenso jedes dritte Pflegeheim, jeder fünfte Pflegedienst. Die Kirchen stellen im Pflegebereich jeden zweiten Ausbildungsplatz. Zwei Drittel aller Privatschüler gehen auf eine christliche Schule. Finanziert werden diese Einrichtungen zum Hauptteil durch Länder und Kommunen, durch Sozialversicherungsträger und durch Nutzerentgelte wie zum Beispiel Kindergartenbeiträge. Nur wegen dieser verlässlichen Einnahmen und der damit verbundenen Planungssicherheit ist es für die Kirchen überhaupt möglich, so viele Einrichtungen im Sozialbereich zu betreiben.

In der Jahresstatistik 2012 der evangelischen Kirche in Deutschland heißt es interessanterweise zu diesem Thema: Zwar seien inzwischen nur noch gut sechzig Prozent der Bevölkerung Mitglied einer christlichen Kirche. »Volkskirchliche Strukturen haben sich trotz der unterschiedlichen Entwicklung bis heute überall gehalten. (...) Insbesondere die Mitwirkung im Bildungs- und Erziehungswesen sowie im kulturellen und sozialen Bereich dokumentiert die öffentliche Bedeutung der Kirchen.«

Obwohl also in den Gemeinden die Mitglieder schwinden, weitet die Kirche mit der Unterstützung und auf Wunsch der Kommunen und Landkreise ihre Tätigkeiten in den sozialen öffentlichen Einrichtungen weiter aus. Die Wohlfahrtsverbände der Kirchen Caritas und Diakonie machen inzwischen zusammen mehr Umsatz als etwa Lufthansa oder die Bahn. Dass sie so wachsen, hängt mit den besonderen Finanzierungsbedingungen in Deutschland zusammen.

Spielt die christliche Ausrichtung im Wettbewerb um Aufträge oder Kunden noch eine Rolle?

8.
Die Diakonie und der Markt
Gleiche Arbeit, weniger Rechte

André Kucza schiebt eine ältere Dame im Rollstuhl zum Röntgen. Das geht nur, weil gerade kein Notfallpatient auf seiner Station ist. Er ist pflegerischer Leiter der Zentralen Notaufnahme im Kreiskrankenhaus Stadthagen in Niedersachsen.

Als er zurückkommt, sieht er durch das Fenster des Stationszimmers, das an der Auffahrt für Rettungswagen liegt, einen Krankentransport vorfahren. Er zieht an einer Kordel, die kurz vor dem Ausgang an der Decke hängt. Die Krankenhaustür öffnet sich und André Kucza geht hinaus, um dem Fahrer bei einer Rollstuhlfahrerin zu helfen, die einen festen Termin hat. Nicht nur, weil er gerade viel zu tun hat, will der Notaufnahmeleiter hier kein Gespräch über seinen Arbeitsplatz anfangen. Lieber später, lieber in Ruhe zu Hause. André Kucza kehrt ins Gebäude zurück. Über dem Eingang steht in blauer Schrift »Kreiskrankenhaus«. Das wird dort nicht mehr lange stehen, denn das Haus ist vom Landkreis an die Diakonie verkauft worden.

»Noch eine Minute, dann sind wir da.« André Kucza und seine Kollegin, Stationsschwester Sigrid Herich, wollen noch einmal auf dem Balkon seiner Dachgeschosswohnung durchatmen, bevor sie herein an den runden Esstisch kommen. Schwester Sigrid ist direkt vom Dienst gekommen. Es ist Abend geworden.

André Kucza arbeitet seit 2003 im Kreiskrankenhaus. Schon als er dorthin kam, machte die Klinik Jahr für Jahr Verluste. Im Jahr 2008 beschloss der Landkreis deshalb, dieses und ein weiteres Spital zu verkaufen. Es gab eine Ausschreibung, die Klinikkonzerne Rhön und Sana bewarben sich – und die Kirche. Sie machte das beste Angebot – und gewann. Ihr Ziel: Die beiden Krankenhäuser sollten mit einer diakonischen Klinik aus der Nähe in einem Neubau untergebracht werden und unter Trägerschaft der Diakonie fusionieren. Schon in Vorbereitung auf dieses Großprojekt übernahm die proDiako die Geschäftsführung der Kreiskrankenhäuser. Die proDiako ist Teil der Diakonie und damit der evangelischen Kirche; sie ist, was man heute einen gemeinnützigen Gesundheitskonzern nennt. Zu ihr gehören zehn Krankenhäuser, sieben stationäre und drei ambulante Pflegeeinrichtungen sowie zwei Rehaeinrichtungen. 6500 Mitarbeiter erwirtschafteten 2009 einen Jahresgesamtumsatz von 370 Millionen Euro.

»Ich glaube, der größte Teil der Bevölkerung denkt, die Kirche gibt das letzte Hemd; ein kirchlicher Arbeitgeber, da sind wir immer gut beraten. Aber die sanieren genauso knallhart wie die anderen, das kann ich jetzt wirklich aus Erfahrung sagen.« André Kucza und seine Kollegin haben am Tisch Platz genommen. »Das hätte uns mit einem anderen, privaten Träger nicht anders getroffen. Es wird durchsaniert, es werden Abläufe reorganisiert, es wird versucht, die Gehälter zu drücken. Sie machen alles, was ein privater Arbeitgeber auch machen würde.« Schwester Sigrid pflichtet ihm bei: »Ich habe Existenzängste. Das, was hier passiert, hat für mich mit Gemeinnützigkeit nichts zu tun.«

André Kucza erinnert sich noch gut, wie es war, als der neue Arbeitgeber sich bei ihnen vorstellte. »Die proDiako wollte sofort die Gehälter um acht Prozent absenken. Natürlich nur vom Pflegepersonal. An die ›Leistungsträger‹, wie die Diakonie die Ärzte nennt, wollte man nicht ran.« Neben dem Vorschlag zur Tarifabsenkung habe es bald eine Liste der Bereiche gegeben, die in Zukunft nicht mehr Teil des Unternehmens sein sollten. »Man wolle ausgliedern, um zu sparen, hieß es.«

Dass das stimmt, zeigt eine Vorlage, die dem zuständigen Kreisausschuss vor dem Verkauf an die Diakonie von der Wirtschaftsberatung PricewaterhouseCoopers und der Gesellschaft für Beratung im Gesundheitswesen Kaysers & Hippler vorgelegt wurde: Die Wirtschaftsprüfer präsentieren den politisch Verantwortlichen darin eine Übersicht über mögliche Einsparmaßnahmen. Im Unterpunkt 3 geht es um »Outsourcing an einen externen Dienstleister«. Zur Erläuterung steht dort: »Outsourcing bedeutet faktisch, dass die genannten Leistungen nicht mehr von den Krankenhäusern in Eigenregie, sondern durch einen Dienstleister erbracht werden. Dabei wird eine Überleitung des Personals an den Dienstleister angestrebt.« So könnten Personalkosten gespart werden. Konkret werden folgende Bereiche genannt: Labor, Reinigung, Radiologie, Pforte und Zentralsterilisation. Auch eine eigene Küche soll es im neuen Klinikum nicht mehr geben. Allein durch diese Maßnahmen ergebe sich, so die Wirtschaftsprüfer, ein Einsparpotenzial von rund zehn Millionen Euro. Hinzu komme dann noch das, was im Abschnitt »Sonstige Sanierungsmaßnahmen« mit dem Unterpunkt »Zukunftssicherungstarif« überschrieben ist: eine temporäre Tarifabsenkung – der Gehaltsverzicht, von dem André Kucza sprach –, die »ein Potenzial in Höhe von zehn Millionen Euro erwarten« lasse. Macht insgesamt etwa zwanzig Millionen Euro an Einsparungen bei den Personalkosten – durch Ausgliederung und Gehaltskürzungen.

Was für André Kucza und seine Kollegen damals wie heute nicht nach Kirche klingt, haben die Wirtschaftsprüfer auf Grundlage von Berechnungen der Diakonie zusammengefasst. Bis 2015, so ist der Plan, soll die neue Klinik stehen. Bislang weigern sich die Mitarbeiter der Kreishäuser, den Gehaltsverzicht zu unterschreiben.

»Am Anfang«, sagt André Kucza noch, »wurde uns immer vermittelt, dass wir doch froh sein sollen. Dass die Diakonie doch gemeinnützig – und damit gut – sei, im Gegensatz zum bösen Privatklinikkonzern, der seine Anteilseigner zufriedenstellen müsse. Aber mir soll mal einer erklären, wo hier noch der Unterschied zwischen den Kapitalisten und der Kirche sein soll.«

Michael Schwekendiek und Heinz Kölking sind die Geschäftsführer des neuen Investors, der proDiako. Sie sitzen im Innenhof des Stadthagener Kreiskrankenhauses an einem der Gartentische aus dunkelbraunem Holz. Hier essen normalerweise die Mitarbeiter. Aber noch ist das Mittagsgeschäft nicht losgegangen und sie haben Zeit genug, ihre Sparpläne zu erläutern.

Er könne den Unmut der Mitarbeiter aus den Kreishäusern ja verstehen, beginnt der ehemalige Pfarrer und jetzige Geschäftsführer Michael Schwekendiek, sie seien eben anderes gewohnt. »Ich glaube aber, dass sie auf keinen Fall schlechter gestellt sein werden als Mitarbeiter in anderen Häusern«, sagt er und meint damit vor allem die Kollegen, die die Ausgliederungspläne betreffen. »Sie sind dann marktgerecht gestellt. Das müssen wir tun, denn es nützt uns nichts, wenn wir es nicht tun, und es geht uns alles den Bach runter.« – »Man kann sich dort nicht irgendwas leisten, was sich andere private Krankenhäuser auch nicht leisten können«, pflichtet Heinz Kölking ihm bei. Natürlich bekomme er mit, dass die kommunalen Mitarbeiter überrascht seien und von der Kirche nicht erwartet hätten, dass hier die gleichen Mechanismen griffen wie in der Privatwirtschaft. »Die Veränderung als solche ist immer ein Problem. Aber die Kirche ist natürlich auf dieser Erde und nicht im Himmel, und ich weiß nicht, welche Erwartungshaltung man mit ihr verbindet. Den Himmel auf Erden hat die Kirche, glaube ich, noch nie versprochen.«

Als es in Deutschland Mitte der Neunzigerjahre zum Umbau des Sozialstaates kam, standen die kirchlichen Träger vor einer neuen Herausforderung: Das Gesundheitssystem sollte auf Konkurrenz und Wettbewerb ausgerichtet werden. Neue, private Anbieter von Pflegeleistungen kamen auf den Markt. Statt mit einem Selbstkostendeckungsprinzip hatten es die Kirchen und ihre Wohlfahrtsverbände jetzt mit Fallpauschalen und festen Budgets zu tun. Die neuen Refinanzierungsbedingungen, der Kostendruck und der aufkeimende Wettbewerb brachten sie dazu, mehr und mehr nach betriebswirtschaftlicher Logik zu arbeiten. Dabei spielt das besondere Arbeitsrecht eine Rolle. Die Kirchen nennen die Art und Weise, wie sie ihre Arbeitsbedingungen regeln, den »Dritten Weg«. Der »Erste Weg« ist die einseitige Festlegung von arbeitsrechtlichen Bestimmungen durch den Arbeitgeber, wie etwa im öffentlichen Dienst für die Beamten. Der »Zweite Weg« ist der der freien Wirtschaft, wo Tarifparteien mithilfe von Gewerkschaften die Arbeits- und Lohnbedingungen aushandeln. Der Dritte Weg der Kirchen bedeutet, dass man sich als Dienstgemeinschaft mit dem gleichen Auftrag – konkret mit der Verkündigung des Wortes Gottes und der tätigen Nächstenliebe – versteht und deshalb alle Konflikte innerhalb der christlichen Gemeinschaft klärt. Statt über Tarifverhandlungen mit Gewerkschaften erarbeiten Arbeitnehmer und Arbeitgeber in sogenannten arbeitsrechtlichen Kommissionen die Arbeitsvertragsrichtlinien der christlichen Kirchen. Das heißt, die Mitarbeiter vertreten sich selbst und werden in der Regel nicht durch von ihrem Arbeitgeber unabhängige Gewerkschaften unterstützt. So kann es vorkommen, dass ein Pfleger eines Krankenhauses mit einem Volljuristen derselben Einrichtung über sein

Gehalt diskutiert. So soll es nicht sein, aber es ist nicht auszuschließen, dass es dazu kommt.

Die Beschäftigten verzichten in diesem Bereich des Kollektivarbeitsrechts auf grundlegende Arbeitnehmerrechte, da die Kirchen trotz der veränderten Rahmenbedingungen weiterhin davon ausgehen, dass sich ihre Mitarbeiter anders als in der Privatwirtschaft nicht als Vertreter unterschiedlicher Interessen begegnen, sondern in einer Gemeinschaft zusammenarbeiten.

Lange ging das gut, denn die arbeitsrechtlichen Kommissionen orientierten sich an den Tarifverhandlungen des öffentlichen Dienstes. Bei Tariferhöhungen gingen sie fast automatisch mit. Seit 2007 aber gibt es ein eigenständiges Tarifsystem für die Kirche: die Arbeitsvertragsrichtlinien. Während die katholische Kirche und die Caritas auf Einheitlichkeit achteten, funktionierte das neue Regelwerk in der evangelischen Kirche und der Diakonie nicht als Flächentarifvertrag. Im Gegenteil: Die diakonischen Werke der Landeskirchen können, müssen es aber nicht anwenden. Entsprechend zahlen diakonische Träger inzwischen schon mal unter Tarifvertrag des öffentlichen Dienstes.

»Es ist ein Problem«, sagt Oberkirchenrat Detlev Fey von der evangelischen Kirche, Referent für Arbeitsrecht im Kirchenamt und Berater der Diakonie, »dass einige diakonische Einrichtungen die kirchlichen Tarife nicht bedienen. Das finden wir als evangelische Kirche nicht positiv. In kirchlichen Einrichtungen muss das kirchliche Arbeitsrecht uneingeschränkt angewendet werden.« Er denkt kurz über eine Formulierung nach. Sie als verfasste evangelische Kirche hätten leider erst sehr spät angefangen, das mit aller Deutlichkeit zu kritisieren. »Wir waren zunächst mit den Konsequenzen des Wettbewerbs beschäftigt«, sagt der evangelische Oberkirchenrat.

»In dieser sozialpolitischen Entwicklung wird die rechtliche Sonderstellung der Kirchen besonders problematisch«, analysiert Professor Norbert Wohlfahrt. Mit einigen Kollegen hat der Bochumer Experte für Sozialmanagement gerade für die Hans-Böckler-Stiftung – das Forschungswerk des Deutschen Gewerkschaftsbundes – eine Studie zum Dritten Weg in diakonischen Sozialunternehmen veröffentlicht. Seine These: Mit ihrem besonderen Arbeitsrecht haben die Kirchen und ihre Wohlfahrtsverbände bessere Möglichkeiten als etwa die Kommunen, auf die veränderten Wettbewerbsbedingungen einzugehen und Arbeitskosten zu senken. Und die nutzen sie. Die zersplitterte Tariflandschaft sei nur ein Beispiel. Sie mache eine Art »Tarif-Hopping« möglich. So könnten Sozialunternehmen der Diakonie in Nordrhein-Westfalen zum Beispiel ihre Stellen nach der bayerischen Arbeitsvertragsrichtlinie ausschreiben, die unterhalb des eigenen Tarifs liege. »Dann arbeitet zum Beispiel eine Sozialarbeiterin in Düsseldorf nach einem Kirchentarif, der eigentlich in Bayern gilt. Durch die Wahlmöglichkeit zwischen unterschiedlichen Tarifen ergeben sich für die diakonischen Sozialunternehmen natürlich betriebswirtschaftliche Vorteile.«

Außerdem besäßen einige diakonische Einrichtungen eigene Leiharbeitsfirmen, und die zahlreichen Ausgründungen in kirchlichen Sozialeinrichtungen seien eine Konsequenz des neuen Wettbewerbs. »Die Ausgliederungen sind inzwischen übliche Praxis und haben das Ziel, die kirchliche Tarifbindung in den Einrichtungen zu umgehen. Tarifflucht könnte man es auch nennen«, erklärt der Professor. »Das Thema ist für die Kirchen als Arbeitgeber besonders heikel, positiv formuliert ist es für sie eine besondere Herausforderung.« Denn in den ausgegliederten Tochtergesellschaften würden nicht selten Vergütungsordnungen angewandt, die unterhalb der in den anderen Betriebsteilen geltenden Arbeitsvertragsrichtlinien oder sonstiger Vergütungsordnungen lägen. So könne es sein, dass sich etwa ein diakonisches Mutterhaus noch auf kirchliches Arbeitsrecht berufe, aber das ausgegliederte Labor, die Privatstation oder der Fahrdienst zwar organisationsrechtlich noch zum Unternehmen gehörten, die Arbeitsbedingungen dort unabhängig von Kirchentarifstrukturen nach weltlichem Arbeitsrecht geregelt würden. »Übrigens nicht selten vom selben Geschäftsführer«, erklärt Professor Wohlfahrt. »Das soll mal ein Kirchenrechtler erklären, wie das möglich sein soll.« Außerdem müsse noch die Dimension betrachtet werden: »Die diakonischen Werke sind nicht mehr die kleinen Häuser eines Kirchenkreises. Sie haben längst Konzerngröße erreicht. Die Diakonie ist im Osten Deutschlands der am schnellsten wachsende Verband. Sie ist die stärkste Wettbewerberin am Markt und das kann man nicht auf das protestantische Milieu zurückführen, denn im Osten sind gerade mal zwanzig Prozent der Menschen noch Kirchenmitglied. Das muss Gründe in der Wettbewerbsfähigkeit haben.«

Eigentlich sollen die diakonischen Werke allesamt als »Wesensäußerungen« der Kirche gelten. Geht das, wenn in einzelnen Bereichen nicht einmal Kirchentarif gezahlt wird? Ein Beispiel zur Verdeutlichung: Ein diakonisches Großkrankenhaus gliedert etwa sein Labor aus, vielleicht als »Stefanus-Diakonie Labor GmbH«. In dieser GmbH werden die Mitarbeiter unterhalb des Kirchentarifs des Mutterhauses bezahlt, obwohl sie rechtlich als hundertprozentige Tochter noch zum diakonischen Unternehmen gehören und nur dieses beliefern. Wie kann das sein? Wie reagiert die evangelische Kirche darauf? »Wir prüfen inzwischen im Einzelfall, ob die Ausgründungen der Sozialeinrichtungen noch kirchlich sind oder nicht mehr«, erklärt Detlev Fey und führt eine spannende Idee weiter aus: »Eine Einrichtung gehört nur dann zur Kirche, wenn sie kirchlich geprägt und nicht gewinnorientiert ist. Kirche soll kein Geld verdienen.« Stellt die evangelische Kirche bei der Überprüfung fest, dass die ausgegründete Einrichtung sich nicht mehr »kirchlich« verhält, dann stehen ihr Sanktionen bevor: »Im Zweifel darf die Tochter einer Krankenhausgesellschaft dann das Wort ›Diakonie‹ nicht mehr im Namen tragen und das Diakoniekreuz nicht mehr an der Tür haben«, erläutert Oberkirchenrat Fey die Strategie.

Die Tochter wird aus der Diakonie ausgeschlossen. Mehr passiert nicht? Das bedeutet konkret: Die »Stefanus-Diakonie Labor GmbH« muss sich in »Stefanus Labor GmbH« umbenennen. Die Marke ändert sich, das Problem bleibt. Die Mitarbeiter werden weiterhin schlechter bezahlt als die Kollegen im Mutterhaus, nur eben nicht mehr im Namen der Kirche. Dass durch diese Idee die Pfleger und Ärzte eines Krankenhauses weiter Teil der Kirche sind, die einfacheren Dienste, wie Reinigung, Fahrdienst oder Pforte aber nicht, ist ein weiterer Aspekt dieser unternehmerischen Praxis.

»Aufgrund des Kostendrucks können die Einrichtungen oft nicht anders handeln«, rechtfertigt Oberkirchenrat Detlev Fey diese Maßnahme. Die Alternative wären Schließungen.

Ende September 2012 hat die Diakonie erstmals Zahlen zu ihren aktuellen Arbeitsverhältnissen veröffentlicht. Die Kernpunkte sind: Jede fünfte Einrichtung zahlt nicht nach Kirchentarif. Es gibt acht Prozent Ausgliederungen. Die Lohnuntergrenze liegt dort bei 5,99 Euro.

Auch christliche Krankenhäuser sind öffentlich finanzierte Einrichtungen. Für sie gelten die gleichen Refinanzierungsbedingungen wie für alle anderen Krankenhausbetreiber in Deutschland – nicht aber das öffentliche Arbeitsrecht. Stattdessen haben die Kirchen einen eigenen Rechtsraum, in dem sie über den Dritten Weg selbst ihre Arbeitsbedingungen organisieren.

Von ihrem Geld gibt die Kirche nichts in das laufende Geschäft. Sie unterhält die diakonischen Einrichtungen nicht aus eigenen Mitteln. »Wir wären pleite, wenn wir das ein halbes Jahr so machen würden«, versichert Oberkirchenrat Fey. In den Regelbetrieb eines christlichen Krankenhauses oder Altenheimes flössen deshalb keine Kirchensteuereinnahmen. Wenn doch, werde das Geld der Kirchenmitglieder in erster Linie für die Krankenhausseelsorge ausgegeben, für den Pfarrer, Besuchsdienste oder für vernünftige Andachtskapellen.»Die Finanzierung dieser Angebote ist Sache der Kirche.«

Spätestens mit dem Übergang in das neue christliche Klinikum, so sagen es die proDiako-Geschäftsführer Heinz Kölking und Michael Schwekendiek, sollen die Mitarbeiter der ehemaligen Kreishäuser nach Kirchenrecht beschäftigt werden. Sie sollen in die christliche Arbeitswelt übergeleitet werden und den diakonischen Gedanken mittragen, so ist es der Wunsch der Investoren.

Wo also in der Unternehmensführung kein Unterschied zwischen privatwirtschaftlich und kirchlich gemacht wird, bei den Mitbestimmungsrechten der Mitarbeiter gibt es ihn sehr wohl.»Das Motto der Blues Brothers«, erklärt Oberkirchenrat Detlev Fey zu diesem Thema,»gilt auch für die Kirche: unterwegs im Auftrag des Herrn.« Deshalb benötige man zum Beispiel kein Streikrecht. Denn ein Streik widerspreche der christlichen Vorstellung einer friedlichen Konfliktlösung innerhalb der Dienstgemeinschaft. Auch das Aussperrungsrecht für den Arbeitgeber gebe es deshalb nicht.»Diese Arbeitskampfmaßnahmen sind nicht mit dem Versöhnungs- und Friedensauftrag der Kirche vereinbar.« Mit dem Dritten Weg existiere ein Verfahren, das Arbeitskampf nach Überzeugung der Kirchen entbehrlich mache.

Erst im November 2011 hat die evangelische Kirche auf ihrer Synode noch einmal bekräftigt, dass sie auch in Zukunft am Dritten Weg festhalten will. Sie hat das Verbot des Streiks noch einmal extra in ein Kirchengesetz geschrieben. Diese Festlegung ist wohl die Reaktion auf eine Entscheidung des Landesarbeitsgerichts Hamm vom 13. Januar 2011. An diesem Tag hatten die Richter gegen die Kirche entschieden und geurteilt, dass Streiks in kirchlichen Einrichtungen nicht ausnahmslos unzulässig seien.

Der Hintergrund: Im August 2008 hatte die Gewerkschaft ver.di die Diakonie zu Tarifverhandlungen aufgefordert. Die Dienstgeberseite lehnte das ab. Daraufhin rief die Gewerkschaft die Mitarbeiter in diakonischen Einrichtungen in Nordrhein-Westfalen zu Warnstreiks auf. Im Mai 2009 fand eine Streik- und Aktionswoche statt. Die Folge: Die betroffenen evangelischen Landeskirchen und diakonischen Werke klagten gegen die Arbeitskampfmaßnahmen und damit indirekt gegen ihre eigenen Mitarbeiter vor dem Arbeitsgericht Bielefeld. Am 3. März 2010 verurteilte das Arbeitsgericht die Gewerkschaft ver.di zur Unterlassung von Streikmaßnahmen gegenüber der evangelischen Kirche, dem diakonischen Werk und einzelner Einrichtungen.

Das Verfahren ging in die nächste Instanz. Das Landesarbeitsgericht entschied anders und wies die Klage der Kirche ab. Die Begründung ist bemerkenswert. Bei der Abwägung zwischen dem verfassungsrechtlich gewährleisteten Selbstbestimmungsrecht der Kirchen und dem nach Artikel 9 Absatz 3 im Grundgesetz garantierten Streikrecht sei zu berücksichtigen, dass in kirchlichen Einrichtungen auch Arbeitnehmer beschäftigt werden, deren Tätigkeit nicht zum in christlicher Überzeugung geleisteten »Dienst am Nächsten« zähle. Erkennbar werde dies unter anderem daran, dass bestimmte Aufgabenbereiche mit Hilfsfunktionen – wie die Krankenhausküche oder der Reinigungsdienst – ausgegliedert würden. Daher sei ein Ausschluss des Streikrechts in kirchlichen Einrichtungen unverhältnismäßig. Darüber hinaus begründeten die Richter ihr Urteil damit, dass auch ein besonderes kirchliches Arbeitsrecht in Form des Dritten Weges ein Streikrecht nicht kategorisch ausschließen dürfe. Da zwei Drittel der Arbeitnehmervertreter der Arbeitsrechtlichen Kommission im kirchlichen Dienst tätig sein müssen, könnten hauptamtliche Gewerkschaftsvertreter keinen maßgeblichen Einfluss ausüben.

Am 20. November 2012 entschied dann auch das Bundesarbeitsgericht, dass die Kirchen ihren Mitarbeitern das Streiken nicht generell verbieten dürfen. Die Richter bestätigten zwar das Selbstbestimmungsrecht der Kirchen, allerdings dürfe dieses nicht zu einem rechtsfreien Raum führen. Auch die Gewerkschaftsinteressen müssten berücksichtigt werden. Ob der Streit in Karlsruhe oder Straßburg weitergehen soll, müssen nun die Kirchen entscheiden.

Eins will Professor Wohlfahrt noch zu alldem hinzufügen: »Wenn Diakonievertreter sagen, ›der Markt‹ mache Lohnabsenkungen erforderlich, wie soll dann die betroffene Seite, wie sollen die Arbeitnehmer ihre Interessen durchsetzen? Sollen sie auf das Wohlwollen der Dienstgeber vertrauen? Wenn die Diakonie sich am Markt behaupten will, kann sie nicht einerseits die Besonderheiten einer Dienstgemeinschaft für sich geltend machen und andererseits ›Marktgesetzlichkeiten‹ als Bedingung ihres Handelns angeben.«

»Im Moment sind wir alle verängstigt«, fasst Schwester Sigrid Herich zusammen und André Kucza fällt ihr ins Wort: »Dass ein kirchlicher Arbeitgeber sich einfach herausnimmt zu sagen: ›Meine Beschäftigten streiken nicht‹! Wir im öffentlichen Dienst haben schon seit eh und je unsere Gewerkschaft. Ich bin damit groß geworden und es gehört einfach dazu, dass man als Gemeinschaft auf die Straße geht und dann nicht alleine dasteht. Das wird einem genommen.« Schwester Sigrid nimmt den Faden auf: »Viele Mitarbeiter bei uns sind konfessionslos oder haben aus irgendwelchen Gründen die Kirche verlassen. Deshalb haben viele Kollegen Angst, dass sie ins neue Klinikum nicht mitgenommen werden. Die treten jetzt wieder in die Kirche ein. Das ist doch unglaublich.« André Kucza ist einer dieser Kollegen. Als er hörte, wer der neue Arbeitgeber ist, trat er in die evangelischen Kirche ein. »Das ist das Schlimme«, sagt er, »die Freiheit zu verlieren. Die Angst treibt einen dahin, nicht die Überzeugung. Wie kann es so ein Konstrukt überhaupt noch geben?« Er wisse, dass die private Lebensführung bei der evangelischen Kirche nicht so eine große Rolle spiele wie bei den Katholiken, er sei aber auch bei diesem Aspekt beunruhigt. »Wenn ich an mein Privatleben denke, und das kann ich offen sagen: Ich weiß nicht, wie ein kirchlicher Arbeitgeber auf das Thema der Homosexualität reagiert. Wie verhält sich die evangelische Kirche dazu? Ist das ein Auswahlkriterium? Vielleicht kann ich deshalb nicht die Leitung der neuen Notaufnahme übernehmen.« André Kucza hat erst vor wenigen Wochen geheiratet. Auf einem Sideboard, neben dem Tisch, stehen noch die Glückwunschkarten. Sein

Mann hat eine Ausbildung in einem katholischen Altenheim gemacht. »Da durfte ich nie auftauchen, nie präsent sein. Die ganze Ausbildungszeit über war ich die unbekannte ›Freundin‹, die niemand von seinen Kollegen je getroffen hat.« Eins möchte auch Schwester Sigrid noch loswerden, bevor sie nach Hause geht: »Ich habe mir damals nicht ohne Grund eine Stelle bei einem nicht konfessionellen Arbeitgeber gesucht, im öffentlichen Dienst. Ich fühle mich als freie Schwester und ich möchte eigentlich eine freie Schwester bleiben.«

Da sei wohl noch einiges an Kommunikation notwendig, sagen die beiden Geschäftsführer der proDiako, als sie hören, was ihre Mitarbeiter für Sorgen haben. Homosexualität spiele bei ihnen ganz sicher keine Rolle, sagen sie. Das sei nur in den katholischen Häusern ein Thema. »Aber«, sagt Geschäftsführer Michael Schwekendiek, »es stimmt schon, wir haben die Möglichkeit, dass wir Menschen, die zu einer christlichen Konfession gehören, bevorzugt einstellen dürfen. Ich muss jedoch sagen, bevorzugt heißt nicht, dass alle anderen raus sind.«

Was sagt er dazu, dass kommunale Krankenhausmitarbeiter in die Kirche eintreten, aus Sorge, ihren Job zu verlieren? Kurz überlegt der proDiako-Chef, bevor er antwortet: »Ich bin von Hause aus Pfarrer und finde einen Kircheneintritt immer schön. Ich hoffe, dass die Mitarbeiter das nicht aus Sorge tun vor dem, was kommt, und ich hoffe, dass sie die Chancen ergreifen können und die Möglichkeiten sehen, die sich mit einem Kircheneintritt verbinden.«

Nur kurze Zeit später findet sich auf der Internetseite der proDiako die Meldung, dass das Bundeskartellamt einer Fusion zugestimmt habe: dem Zusammenschluss der niedersächsischen proDiako gGmbH »mit dem bundesweit agierenden christlichen Gesundheitskonzern Agaplesion. Das erstarkte Unternehmen mit einem Umsatz von über einer Milliarde Euro gehört damit zu den Top Five der größten Gesundheitsdienstleister in Deutschland. Mehr als siebzehntausend Mitarbeitende sorgen in etwa hundert Einrichtungen – darunter zweiunddreißig Krankenhäuser, dreißig Wohn- und Pflegeeinrichtungen, vier Hospize, neun medizinische Versorgungszentren, fünfzehn Krankenpflegeschulen und sieben ambulante Pflegedienste – für eine patientenorientierte Medizin und Pflege nach anerkannten Qualitätsstandards.«

Die Stadthagener Kreisklinik wird Teil dieses Konzerns werden, zu dessen Mitarbeiterschaft die Pressestelle auf Anfrage schreibt: »Agaplesion ist ein auf christlichen Werten basierendes Unternehmen. Es ist uns daher wichtig, dass unsere Mitarbeiterinnen und Mitarbeiter der christlichen Kirche angehören.«

9.
»Mit denen will man es sich nicht verscherzen«
Was die Parteien sagen

Kurz nachdem Bernadette Knecht die offizielle Kündigung der Kirche bekommen hat, kaufen Canina Jung, Alice Ernst und die anderen Rauschendorfer Eltern zwanzig blonde Perücken. Das Video, das sie damit zeigt, findet sich auf der Rauschendorfer Homepage. Man sieht zunächst einen Mexikaner mit ausladendem Hut, dann sind da noch ein Cowboy und ein grüner Frosch. Wenige Sekunden später biegt der Festumzug um die Kurve. Es ist Karnevalssonntag. Vorneweg, wie immer, der Männergesangsverein »Gemütlichkeit« mit einem Traktor und einem unübersehbaren blauen Plakat, das auf das hundertdreißigjährige Jubiläum des Chors in diesem Jahr verweist. Dahinter ein Spielmannszug. »Und da«, ruft der Kommentator in sein Mikrofon, »kommt der katholische Kindergarten. Die Eltern, die an ihrer Leiterin Frau Knecht festhalten wollen.« Wer genau hinsieht, erkennt Canina Jung und die anderen unter halblangen blonden Kunsthaaren. Alle, auch die Väter, tragen weiße Hosen und rosafarbene Oberteile. Sie alle

haben sich als Bernadette Knecht verkleidet. Kurz taucht ein Transparent im Bild auf und der Kommentator hebt noch einmal an: »Sie sehen es, der Kindergarten hat dieses Jahr das Motto: ›Wir möchten geKNECHTet werden‹. Wir möchten geKNECHTet werden! Auf unseren katholischen Kindergarten ein dreifaches Rauschendorf Alaaf!«
Nur eine Woche zuvor haben die Eltern ihren Bürgerantrag abgeschickt. So wie es ihnen der Bürgermeister empfohlen hatte. Darin heißt es: »Im Namen der Kindergarteneltern des katholischen Kindergartens Rauschendorf und als Bürger der Stadt Königswinter beantragen wir, dem katholischen Kirchengemeindeverband Königswinter am Ölberg, vertreten durch den Vorsitzenden Pfarrer Udo Maria Schiffers, die Trägerschaft des katholischen Kindergartens in Königswinter-Rauschendorf zu entziehen.« Wieder folgt eine Schilderung des Sachverhaltes, wieder legen sie all ihre Argumente dar und bemängeln die fehlenden Einflussmöglichkeiten: »Das halten wir für nicht mehr zeitgemäß.« Sie schreiben, dass sie davon ausgingen, dass die Verträge zwischen Stadt und Kirche kündbar seien. Dass ein neuer, nicht sonderfinanzierter Träger, der eigenes Kapital mitbringe, der Stadt und dem Steuerzahler obendrein Einsparungen bringen könne. Dass es in der Nähe nur eine Elterninitiative mit einer einzigen Gruppe gebe, im nächsten Dorf nur einen weiteren katholischen Kindergarten. »Wo also sollen wir die fünfundvierzig Kinder unterbringen?«, fragen die Eltern. Das Entscheidende aber sei: Sie alle hätten ihr Vertrauen verloren und fühlten sich dem formal vertragstreuen Träger hilflos ausgeliefert. »Die Aussagen der Kirche zeigen ein dem Zeitge-

schehen entrücktes Weltbild, mit dem wir uns und viele andere Bürger sich nicht mehr zu identifizieren vermögen. Zudem müssen wir mit diesem Träger um jede unserer Erzieherinnen fürchten, wenn deren Leben einmal eine andere Entwicklung nimmt.«

Sie beklagen, dass es keinen respektvollen Umgang mehr untereinander gebe.»Wenn uns also der Träger nicht trägt und die Elternschaft geschlossen nicht mehr getragen werden will, ist das Vertrauensverhältnis zerstört und keine gemeinsame Basis mehr für eine weitere Zusammenarbeit gegeben. Wir gehen davon aus, dass damit auch die Grundlagen der Stadt Königswinter für die Zusammenarbeit mit diesem Träger weggefallen sind.«

Einhundertneunundneunzig Unterschriften liegen dem Bürgerantrag bei.

Das Problem: Die Grundlage der Zusammenarbeit der Stadt Königswinter mit der Kirche ist ein gültiger Vertrag. Die Kirche ist vertragstreu. Und die Kündigung von Bernadette Knecht rechtens. Nur die Eltern haben ein Problem mit der Kirche, die Vertragspartner untereinander nicht.

Der Bürgerantrag ist eine der wenigen Möglichkeiten, auf dieses Vertragsverhältnis Einfluss zu nehmen. Denn mit ihm kommt das Anliegen der Rauschendorfer Eltern in die offiziellen Gremien. Sollte es im Jugendhilfeausschuss oder im Stadtrat eine Mehrheit für den Antrag der Eltern geben, könnten diese Gremien an die Verwaltung herantreten und sie bitten, etwas in der Sache zu unternehmen.

Nur einen Tag nachdem der Bürgerantrag bei der Stadt eingegangen ist, bekommen die Eltern eine Antwort. Das

Thema soll in der nächsten Sitzung des Haupt-, Personal- und Finanzausschusses der Stadt behandelt und dann in den Jugendhilfeausschuss überwiesen werden. In diesem Ausschuss hat die CDU vier Stimmen, die SPD zwei, die FDP, die Grünen und die Königswinterer Wählerinitiative jeweils eine und die Träger der freien Jugendhilfe insgesamt sechs. Unter diesen Trägern befinden sich die Vertreter von Sportvereinen und Elterninitiativen, aber auch die der evangelischen und katholischen Einrichtungen. Und auch sie werden bei einer Abstimmung mitstimmen dürfen.

»Da ging die Lobbyarbeit los«, erzählt Peer Jung lächelnd, »und zwar vor allem, als uns klar wurde, dass die CDU im Jugendhilfeausschuss – anders als im Rat – nicht die Mehrheit hat.« Die Eltern laden die Fraktionsvertreter zu einem weiteren Infoabend in den Kindergarten ein. In ihrer Einladung heißt es: »Nachdem viele Gespräche mit der Kirche als Träger unseres Kindergartens stattgefunden haben, müssen wir uns leider eingestehen, dass auf dieser Seite keine positive Entwicklung mehr zu erwarten ist. Aus diesem Grunde bitten wir Sie dringend um Ihre Unterstützung!« Alle kommen: SPD und Grüne, FDP und CDU, die Linke, die Freien Wähler, die Wählerinitiative. »Der Herr von der CDU hat gleich gesagt, dass er selbst fest bei der Kirche angestellt sei und deshalb nur zuhören, aber nicht mitreden wolle«, berichtet Peer Jung. Das habe man akzeptiert. Auch die anderen Anwesenden seien teilweise betroffen gewesen. »Einige leben selbst in Rauschendorf, andere haben ihre Enkelkinder dort im Kindergarten. Das war interessant zu sehen«, erinnert er sich. »Wir hatten das

Gefühl, dass es an diesem Abend nicht um Parteipolitik ging. Zumindest nicht nur. Es ging um ein lokales Problem und darum, unsere lokalen Leute hier zu überzeugen. Bei einigen hatten wir ziemlich schnell den Eindruck, dass sie im Grunde auf unserer Seite sind und eventuell sogar für uns stimmen würden.« Zumindest hätten sich am Ende alle mit dem Versprechen verabschiedet, das Anliegen der Eltern in ihre Fraktionen zu tragen.

»An dem Abend sind wir nach Hause gegangen und haben gedacht: Wahnsinn, wir haben vielleicht wirklich eine kleine Chance.« – »Das, was ich so schön fand«, ergänzt Peer Jungs Frau Canina noch, »war, dass wir endlich auf Menschen gestoßen sind, die uns ernst genommen haben, und dass das, was uns wirklich auf der Seele lag, auf offene Ohren gestoßen ist. Das, was wir vorher versucht hatten, mit den Vertretern der Kirche zu besprechen.« Sie überlegt kurz, bevor sie weiterspricht: »Mir ging es in der Zeit davor richtig schlecht. Wenn man immer auf Menschen trifft, die es gar nicht interessiert, was man sagt.«

Die Königswinterer Opposition in Person von Björn Seelbach von der SPD und Richard Ralfs von den Grünen erinnert sich noch gut an diesen Abend im Rauschendorfer Kindergarten. Beide sitzen im Herbst 2012 auf einer Bank vor einer Königswinterer Schulaula, in der für gewöhnlich die Sitzungen des Stadtrats stattfinden. Ja, sie hätten den Eltern schon an diesem Abend signalisiert, dass sie bei einer Abstimmung auf ihrer Seite stehen würden, erzählen die beiden. Aber es habe Kollegen gegeben, die die Argumente der Eltern nicht überzeugt hätten. »Es gab eine Sache, die ich ausschlaggebend fand«, erzählt SPD-Mann Björn Seelbach: »Gäbe es einen offenen Markt, hätten alle Eltern ihre Kinder abgemeldet. Es ist aber keine Marktwirtschaft. Es gibt keine anderen Anbieter, wo sie stattdessen hingehen könnten, und deswegen müssen wir als diejenigen, die treuhänderisch die Elternbeiträge, die Steuergelder nehmen und sie dem Träger geben, dazwischentreten und sagen, also wenn die sich frei entscheiden könnten, würden sie jetzt alle nicht mehr dahin gehen. Deshalb muss ein Wechsel her.« – »Die Argumente«, fügt der Grünen-Politiker Richard Ralfs hinzu, »die von den Eltern vorgebracht wurden, waren für mich absolut stichhaltig. Ich habe immer nur gedacht: Wir müssen sicherstellen, dass die Einrichtung wieder funktioniert. Der Ton, den die Kirche den Eltern gegenüber offensichtlich an den Tag gelegt hat, zeigt, welches Selbstverständnis die Kirche hat. Dazu fallen mir Adjektive ein, die ich hier nicht wiedergeben möchte.« Björn Seelbach fällt ihm ins Wort: »Dass die Kirche bei Pfarrern, Vikaren und Seelsorgern und von mir aus noch bei der Sekretariatsstelle im Pfarrbüro die kirchlichen Maßstäbe stark zur Geltung bringt, finde ich anerkennenswert. Ob das in einem Krankenhaus katholischer Trägerschaft oder in einem evangelischen Kindergarten durchgezogen werden muss, weiß ich nicht. Die Berufe sind nicht wahnsinnig attraktiv, die Fachkräfte fehlen. Und es ist die Frage, ob wir gute Qualität erreichen, wenn wir Maßstäbe anlegen, denen über fünfzig Prozent der Bevölkerung nicht standhalten können, die aber in familiären Verhältnissen leben, die heute gang und gäbe sind.« Das erlebe er selbst wieder und wieder in den Ausschüssen. »Da sitzen dann die Vertreter der christlichen Träger und sagen: ›Wir finden keine Fachkraft. Können wir nicht jemanden nehmen, der noch im Studium oder in der Ausbildung ist?‹ Bis die dann auch zum ersten Mal unglücklich verheiratet und wieder geschieden sind! Es darf nicht sein, dass die Qualitätsstandards in diesem engen Arbeitsmarkt immer weiter aufgeweicht werden, um Einrichtungen aufrechtzuerhalten.«

Spricht man mit Stefan Heße, dem obersten Personalchef und Generalvikar des größten Bistums Deutschlands, Köln, versichert der, dass man sich über dieses Thema ausreichend Gedanken gemacht habe: Man habe Firmen beauftragt, die für die katholische Kirche den Markt für Erzieher und Pflegepersonal analysierten. Sie hätten versichert, dass es noch genügend qualifizierte Katholiken gebe. Deswegen müsse man bislang nur wenige Ausnahmen in Kauf nehmen: »Wir haben einige wenige orthodoxe Christen, die in unseren Einrichtungen tätig werden. Das sind aber wirklich Einzelfallentscheidungen, die dem Generalvikar persönlich vorgelegt werden. Oder wir haben ganz wenige Chefärzte in unseren Krankenhäusern, die evangelisch sind. Und die müssen alle persönlich kommen und der Erzbischof muss seine Zustimmung geben, ob sie eingestellt werden oder ob nicht.« Was sagt der Personalchef zu der Frage, ob nicht die Qualität leidet, wenn man sich in der Personalauswahl auf eine Konfession beschränkt, der nur noch knapp dreißig Prozent der Bevölkerung angehören. »Bisher«, entgegnet der Generalvikar, »ist es uns noch gelungen, diese Stellen mit katholischen und auch guten Bewerbern zu besetzen. Man kann ja auch nicht sagen, »katholisch« heißt automatisch »nicht gut qualifiziert«. Schränkt man sich nicht trotzdem ein? »Fachlich ja, aber man darf die Qualifikation als Christ nicht als beiläufig abtun. Das ist für mich auch eine Qualifikation. Natürlich soll derjenige auch – zum Beispiel – ein guter Herzchirurg sein, der sein Geschäft versteht. Aber er muss eben auch in der Lage sein, mit den Patienten zu kommunizieren. Und die Art und Weise wie er eine Diagnose verkündet, die ist auch entscheidend.« Und da sei der Glaube nicht zu unterschätzen. Und deshalb fange man auch an, die Mitarbeiter darin zu schulen, weil man die Defizite sehe. Für leitende Angestellte gebe es deshalb inzwischen entsprechende Weiterbildungskurse im christlichen Glauben.

Björn Seelbach von der SPD in Königswinter sieht das anders. »Das kann so nicht funktionieren.« Und dann sagt er den Satz, den man in diesem Jahr sehr oft hört: »Bei einer hundertprozentigen Finanzierung gilt einfach: Wer bezahlt, bestimmt die Musik. Und das ist hier die öffentliche Hand, die mit den Beiträgen und Steuern der Eltern die Einrichtungen finanziert. Die muss vor allem Wert auf Qualität legen und nicht auf Kriterien am Rande, die dazu führen, dass man sich bei der Personalauswahl tragisch einengt.«

Dass er mit seiner grundsätzlichen Kritik nicht die Position seiner Partei vertritt, weiß Björn Seelbach. Aber er weiß auch, dass es mal Zeiten gab, in denen das anders war. Denn im Grundsatzprogramm der SPD von 1989 steht noch folgende Passage: »Die Sozialdemokratische Partei erkennt die besondere Bedeutung und rechtliche Stellung

an, die das Grundgesetz den Kirchen und Religionsgemeinschaften einräumt. In Verkündigung, Seelsorge und Diakonie sind die Kirchen und Religionsgemeinschaften eigenständig und keiner staatlichen Einflussnahme unterworfen.« Aber: »Wer sich zu keiner Religion bekennt, darf nicht benachteiligt werden. Allgemein geltende Arbeitnehmerrechte müssen auch in Einrichtungen der Kirchen, Religions- und Weltanschauungsgemeinschaften gewährleistet sein.«
Knapp zwanzig Jahre später, im Grundsatzprogramm von 2007, ist dieser Satz verschwunden. Dort heißt es inzwischen zum selben Thema: »Für uns ist das Wirken der Kirchen, der Religions- und Weltanschauungsgemeinschaften durch nichts zu ersetzen, insbesondere wo sie zur Verantwortung für die Mitmenschen und das Gemeinwohl ermutigen und Tugenden und Werte vermitteln, von denen die Demokratie lebt. Wir suchen das Gespräch mit ihnen und, wo wir gemeinsame Aufgaben sehen, die Zusammenarbeit in freier Partnerschaft.« Von Arbeitnehmerrechten ist keine Rede mehr. Stattdessen steht dort jetzt: »Wir achten ihr Recht, ihre inneren Angelegenheiten im Rahmen der für alle geltenden Gesetze autonom zu regeln.«

Auch die FDP stand lange für Kirchenferne, besonders klar zu erkennen war das 1974 im Parteitagsbeschluss »Freie Kirche im Freien Staat«. Das Papier forderte die klare Trennung von Staat und Religion, unter anderem den Ersatz der Kirchensteuer durch Mitgliedsbeiträge. In Punkt 9 hieß es damals auch: »Bildung, Krankenpflege und soziale Versorgung sind öffentliche Aufgaben. Das Recht der freien Träger, in diesen Bereichen tätig zu sein, muss gewährt werden – allerdings ohne Vorrangstellung. (...) Die öffentliche Hand muss sicherstellen, dass eine ausreichende Anzahl von Einrichtungen bereitsteht, um den Bedarf an weltanschaulich neutralen, jedermann zugänglichen Einrichtungen zu decken. Soweit Einrichtungen der freien Träger öffentlich gefördert werden, müssen sie allgemein zugänglich sein; Andersdenkende dürfen keinerlei Benachteiligungen oder Zwängen ausgesetzt sein.«

Heute ist es innerhalb der FDP kein Widerspruch mehr, liberal und gläubig zu sein. Parteichef Philipp Rösler ist Mitglied im Zentralkomitee der deutschen Katholiken. Seit 2009 gibt es den Arbeitskreis Christen in der FDP. Ihm gehört inzwischen über die Hälfte aller Fraktionsmitglieder an.

Im aktuellen Parteiprogramm lautet der einzige Satz zum Thema: »Die Liberalen setzen sich über die Gewährleistung von Religionsfreiheit und der Gleichbehandlung von Religionen hinaus für eine größtmögliche Trennung von Kirche und Staat ein.«

Die Grünen schlugen noch 1990 in der parlamentarischen Kommission, die eine Verfassung für das vereinigte Deutschland erarbeiten sollte, einen neuen Artikel 9a vor. Er sollte die Trennung von Staat und Kirche festschreiben. »Absatz 1: Staat und Kirche sind getrennt. Absatz 2: Die Freiheit der Kirchen und Religionsgesellschaften wird gewährleistet. Sie ordnen und verwalten ihre Angelegenheiten selbstständig innerhalb der Schranken der Verfassung und der für alle geltenden Gesetze. Für Arbeitnehmerinnen und Arbeitnehmer in Kirchen und Religionsgesellschaften gilt das allgemeine Arbeits- und Sozialrecht.« Im aktuellen Parteiprogramm wird weder das Verhältnis von Staat und Kirche noch das besondere kirchliche Ausnahmerecht erwähnt.

So kommen die Initiativen, das kirchliche Arbeitsrecht auch auf Bundesebene zu einem Thema zu machen, eher von anderer Seite. Es ist ein Zufall: Das, was die Kommunalpolitik im Frühling 2012 im Kleinen in Rauschendorf zu klären versucht, ist zur selben Zeit Thema im Bundestag. Denn die Linke hat einen Antrag eingebracht mit dem Titel »Grundrechte der Beschäftigten von Kirchen und kirchlichen Einrichtungen stärken«. Darin kritisieren die Abgeordneten das kirchliche Arbeitsrecht. Sie schreiben, es biete ein »wesentlich geringeres Schutzniveau für die Beschäftigten als in ›normalen‹ Privatunternehmen«. Der angefügte Gesetzentwurf spricht sich vor allem für eine einheitliche Rechtsprechung aus und verlangt, den generellen Ausschluss der Religionsgesellschaften und ihrer karitativen und erzieherischen Einrichtungen vom Betriebsverfassungsgesetz aufzuheben. Außerdem fordert die Linke, dass eindeutig klargestellt wird, dass die Aufhebung von Diskriminierungsverboten nur dann möglich sein darf, wenn die Religion der betreffenden Person eine »wesentliche, rechtmäßige und gerechtfertigte Anforderung« für ihren Beruf darstellt. Weiterhin solle man dafür Sorge tragen, dass das Streikrecht für Beschäftigte von Kirchen, kirchlichen Einrichtungen und sonstigen Religionsgesellschaften gewährleistet wird.

Während die Eltern in Rauschendorf weiter mit der Kommunalpolitik diskutieren, findet in Berlin vor dem Ausschuss für Arbeit und Soziales eine öffentliche Anhörung zum Thema kirchliches Arbeitsrecht statt. Geladen sind auch Vertreter der beiden großen Kirchen: Ein Bevollmächtigter des Rates der evangelischen Kirche in Deutschland und ein Vertreter des Kommissariats der deutschen Bischöfe. Als Fazit gibt der Deutsche Bundestag am Ende folgenden Kernsatz bekannt: »Experten nennen Arbeitsrecht der Kirchen angemessen.« Im Detail heißt es: Der Bevollmächtigte des Rates der evangelischen Kirche Deutschland bei der Bundesrepublik und der EU, Reinhard Haas, und Norbert Kleyboldt vom Kommissariat der deutschen Bischöfe befürworteten den Dritten Weg. Er sei ein dem Tarifvertragssystem gleichwertiges Verfahren, das dem Selbstbestimmungsrecht der Kirchen gerecht werde. Auch Gregor Thüsing, Professor für Arbeitsrecht und Recht der Sozialen Sicherheit, bewertete den Dritten Weg als »stimmig und systematisch richtig«. Nicht erwähnt wird hier allerdings, dass Gregor Thüsing der stellvertretende Vorsitzende des größten deutschen kirchlichen Arbeitsgerichtes in Hamburg ist und somit dort für innerkirchliche Gerichtsverfahren zuständig, die im kollektiven Arbeitsrecht der Kirche wurzeln.

Doch auch die Kritiker des kirchlichen Arbeitsrechts werden in der Stellungnahme aufgeführt: Thomas Schwendele, ein Mitarbeitervertreter des Caritasverbandes, habe zu bedenken gegeben, dass es zwar negative Konsequenzen für die Mitarbeiter haben könne, den Dritten Weg von jetzt auf gleich aufzugeben, dass das System aber nicht ohne

Schwierigkeiten sei.»So hätten aufgrund des politisch verordneten Wettbewerbs in der Sozialbranche auch kirchliche Träger wie die Caritas begonnen, Teile ihrer Betriebe auszugründen, um etwa neu Eingestellte nicht mehr nach den Arbeitsvertragsrichtlinien bezahlen zu müssen.« Deutliche Kritik sei außerdem vom Sozialwissenschaftler Hermann Lührs gekommen. Sollte der Dritte Weg beibehalten werden, würde sich die »Abwärtsspirale zunehmend weiterdrehen«, warnte er. Der Lohnkonflikt nehme Einzug in das Kommissionensystem und könne dort nicht ausbalanciert werden. Auch der Einzelsachverständige Wolfgang Lindenmaier, ein Mitarbeitervertreter aus der arbeitsrechtlichen Kommission der Diakonie, wies auf »strukturelle Benachteiligungen« in den Kommissionen der Mitarbeiterseite hin.

Das Fazit »Experten nennen Arbeitsrecht der Kirchen angemessen« ist nach der Zusammenfassung dieser Einschätzungen erstaunlich optimistisch.

Wie die offizielle Position der Parteien zum Thema »kirchliches Arbeitsrecht in öffentlichen Einrichtungen« lautet, hat der »Internationale Bund der Konfessionslosen und Atheisten« (IBKA) im Vorfeld der Bundestagsanhörung gefragt. Der IBKA ist ein religionskritischer Verein mit etwa tausend Mitgliedern, der sich für die konsequente Trennung von Staat und Religion sowie die weltanschauliche Neutralität des Staates einsetzt. Für eine Publikation zum Thema stellten die Konfessionslosen unter anderem die folgenden zwei Fragen an die im Parlament vertretenen Parteien:

1. In Sozialeinrichtungen in kirchlicher Trägerschaft hat das Betriebsverfassungsgesetz keine Gültigkeit. Halten Sie diese Regelung generell für gerechtfertigt? 2. Ein knappes Drittel der Bevölkerung ist mittlerweile konfessionslos; im Osten Deutschlands beträgt der Anteil sogar über zwei Drittel. Für diesen Personenkreis besteht nicht (oder nur sehr eingeschränkt) die Möglichkeit, in Sozialeinrichtungen in kirchlicher Trägerschaft zu arbeiten, obwohl diese aus öffentlichen Mitteln finanziert werden. Werden in Ihrer Partei konkrete Maßnahmen diskutiert, hier Abhilfe zu schaffen?

Und das antworteten die Parteien:

Maria Flachsbarth, Kirchenbeauftragte der CDU/ CSU-Fraktion:
Vielen Dank für Ihre Anfragen im Hinblick auf das kirchliche Arbeitsrecht. Als Beauftragte der CDU/ CSU-Fraktion im Deutschen Bundestag für Kirchen und Religionsgemeinschaften möchte ich Ihnen gerne grundsätzlich darauf antworten: Wir achten die verfassungsrechtliche Bestimmung, nach der die Kirchen und Religionsgemeinschaften ihre Angelegenheiten selbstständig ordnen und verwalten können (Art. 140 GG i. V. Art 137 Abs. 3 WRV). Zur Wahrnehmung dieses kirchlichen Selbstbestimmungsrechtes gehört auch die Ausgestaltung ihrer Dienstverhältnisse, die durch die Rechtsprechung wiederholt bestätigt wurde. An dieser bewährten

staatskirchenrechtlichen Regelung halten wir fest und lehnen die Änderungsvorschläge, wie sie beispielsweise im Antrag der Bundestagsfraktion DIE LINKE (Drs. 17/5523) vorgesehen sind, ab. Dies ist im Übrigen auch Ausdruck unserer Wertschätzung gegenüber den vielfältigen Leistungen, welche die Kirchen gerade durch die von Ihnen angesprochenen Sozialeinrichtungen in kirchlicher Trägerschaft leisten und die allen Bürgerinnen und Bürgern unserer Gesellschaft unabhängig von ihrem Glauben zugutekommen. Die Kirchen leisten durch diese und zahlreiche andere Dienste einen erheblichen Beitrag für das Gemeinwohl, den der Staat kaum oder nur mit größten Anstrengungen selbst schultern könnte. Es entspricht dem Prinzip der Subsidiarität unseres Sozialstaates, dass freie Träger gesellschaftliche und staatliche Aufgaben wahrnehmen und dass die Einrichtungen in kirchlicher Trägerschaft ebenso wie andere freie Träger auch Zuschüsse für Leistungen, die sie im oben angeführten Sinne für die Gesamtgesellschaft erbringen, erhalten.

Die Sachverhalte der von Ihnen gestellten Fragen fallen alle in den Bereich der von den Kirchen und Religionsgemeinschaften selbst auszugestaltenden Regelungen ihrer Arbeitsverhältnisse. Nach unserer Auffassung sollte es aus gutem Grund Sache der Kirchen selbst bleiben, die Einzelheiten dazu im Bereich der ihnen verfassungsrechtlich zugestandenen Selbstbestimmung zu regeln.

Raju Sharma, religionspolitischer Sprecher der Linken:
Frage 1: Nein, ich halte diese Regelung für nicht angemessen. Unabhängig von der persönlichen Motivation der einzelnen Beschäftigten befinden sich Sozialeinrichtungen in kirchlicher Trägerschaft in einem wirtschaftlichen Wettbewerb mit anderen Unternehmen. Dementsprechend agieren sie; d. h., sie verfolgen vor allem wirtschaftliche Ziele, während der karitative Gedanke immer mehr in den Hintergrund getreten ist. Beschäftigte klagen über schlechte Arbeitsbedingungen und niedrige Löhne. Gleichzeitig fehlen ihnen die Möglichkeiten, ihre Interessen wirkungsvoll gegen ihre Arbeitgeber durchzusetzen. Für die kirchlichen Träger ist das ein knallharter Wettbewerbsvorteil. Deshalb hat DIE LINKE den Antrag »Grundrechte der Beschäftigten von Kirchen und kirchlichen Einrichtungen stärken« in den Bundestag eingebracht. Wir wollen nicht, dass die Krankenschwester eines Krankenhauses der Diakonie weniger selbstverständliche Rechte hat als der Krankenpfleger eines Krankenhauses in privater Trägerschaft.

Frage 2: Das Allgemeine Gleichbehandlungsgesetz hebt Diskriminierungsverbote in seinem Paragraf 9 für Religionsgesellschaften auf, wenn ihr Selbstverständnis betroffen ist. Im Prinzip finden wir hier das gleiche Problem vor wie im Betriebsverfassungsgesetz. Den kirchlichen Trägern täte hier eine Öffnung auf freiwilliger Basis gut, ohne dass sie per Gesetz dazu gezwungen werden. Im Zweifelsfall werden wir aber nicht zögern, entsprechende Initiativen in den

Bundestag einzubringen. Zuvor setze ich jedoch auf den Dialog mit den Kirchen.

Beate Müller-Gemmeke, Sprecherin für Arbeitnehmerrechte bei Bündnis 90/Die Grünen:
Frage 1: Die Fraktion von Bündnis 90/Die Grünen hat noch keine abschließende Position zum kirchlichen Arbeitsrecht und befindet sich derzeit im Diskussionsprozess. Ich plädiere dafür, dass das Betriebsverfassungsgesetz auch in sozialen Einrichtungen der Kirchen angewandt wird, damit die Beschäftigten den gleichen Einfluss auf betriebliche Entscheidungen nehmen können wie alle anderen Beschäftigten auch. Dies gilt auch für die fehlende Unternehmensmitbestimmung.
Frage 2: Die Realität schafft neue Fakten. So sind gerade im Osten Deutschlands zwangsläufig immer mehr konfessionslose Beschäftigte in den Sozialeinrichtungen in kirchlicher Trägerschaft beschäftigt. Auch diese Situation wird in der grünen Fraktion diskutiert. Ich persönlich bin der Meinung, dass die Loyalitätspflichten nur im engen Bereich der Verkündigung gelten können.

Stefan Ruppert, Beauftragter für Kirchen- und Religionsgemeinschaften der FDP:
Frage 1: Dass eine körperschaftlich verfasste Religionsgemeinschaft ein besonderes kollektives kirchliches Arbeitsrecht für ihre Arbeitnehmer erlassen kann, ist Ausfluss des sog. kirchlichen Selbstbestim-

mungsrechts nach Art. 140 GG/137 Abs. 3 WRV. Somit ist die Existenz eines kircheneigenen Arbeitsrechts eine Ausprägung der Religionsfreiheit. Allerdings sind Reformen in diesem Bereich notwendig. Eine Stärkung der Mitarbeitervertretungen ist hier nur ein Beispiel. Insgesamt geht es im Rahmen der sog. Dienstgemeinschaft um die Möglichkeiten einer angemessenen Durchsetzung von Arbeitnehmerrechten. Nur wenn dies gewährleistet wird, ist ein Streikverbot auf die Dauer gerechtfertigt. Trotz Zwängen der Ökonomisierung im sozial-karitativen Bereich sollten die Kirchen ihren moralischen Ansprüchen gerecht werden.

Frage 2: Der Staat sollte nicht vorgeben, wen die Religionsgemeinschaften beschäftigen. Zu Recht bestehen bereits in den beiden großen Kirchen Regelungen, welche für bestimmte Kategorien von Beschäftigten die Einstellung eines größeren Personenkreises ermöglichen, etwa Mitglieder jeder christlichen Konfession. Die Sozialeinrichtungen in kirchlicher Trägerschaft sollten sich in ihrer Tätigkeit auf ihre Kernaufgabe, die Verkündung des Evangeliums, konzentrieren. Daran sollten ihre Aktivitäten (auch die unternehmerischen) gemessen werden. Eine völlig professionalisierte Diakonie/Caritas, ohne dass die Gemeinden vor Ort sich einbringen, eine Entkopplung von der Gemeindearbeit, täte dem kirchlichen Wohlfahrtswesen nicht gut. Die Sonderregelungen bezüglich der Kirchen kollidieren nicht mit dem Antidiskriminierungsrecht: Der Ausnahmetatbestand für Religionsgemeinschaften im Allg. Gleichbehandlungsgesetz wird von der Europäischen Kommission nicht beanstandet. Die Liberalen verfolgen aufmerksam die neue Dynamik auf diesem Gebiet und sind für Gespräche mit den kirchlichen Wohlfahrtsverbänden als wichtige zivilgesellschaftliche Faktoren offen.

Das Büro von Ottmar Schreiner, Vorsitzender der Arbeitsgemeinschaft für Arbeitnehmerfragen und Mitglied im SPD-Parteivorstand:
Vielen Dank für Ihre Anfrage. Die SPD-Bundestagsfraktion ist derzeit noch bei der Bestandsaufnahme zum Thema kirchliches Arbeitsrecht und ›Dritter Weg‹.

Am 27. September 2012 veröffentlicht der Deutsche Bundestag eine Beschlussempfehlung. Sie bezieht sich auf den besagten Antrag der Linken »Grundrechte der Beschäftigten von Kirchen und kirchlichen Einrichtungen stärken«. Die Empfehlung des Ausschusses für Arbeit und Soziales an den Bundestag heißt: »Ablehnung des Antrags mit den Stimmen der Fraktionen der CDU/CSU, SPD und FDP gegen die Stimmen der Fraktion DIE LINKE bei Stimmenthaltung der Fraktion BÜNDNIS 90/DIE GRÜNEN.«

Wieso haben die Geschichten vom Organisten aus Essen, dem Chefarzt aus Düsseldorf, der Erzieherin aus Neu-Ulm und jetzt auch der Kindergärtnerin aus Rauschendorf nicht längst zu einer breiten politischen Diskussion geführt? »Es ist offensichtlich«, sagt der katholische Theologieprofessor, der seinen Namen nicht nennen möchte und dessen Spezialgebiet das kirchliche Arbeitsrecht ist, »dass es beim Thema Religionspolitik außer bei den Linken grundsätzliche Vorbehalte in allen Parteien gibt. Es wagt keiner, die religiösen Fragen zu berühren. Und ich denke, da steht folgende Logik dahinter: Es würde zuerst auf die Parteien schlagen, bevor es die Kirchen erreicht. Damit meine ich: Bevor die staatskirchenrechtlichen Diskussionen die Kirche erreichen, machen zuerst die Parteien Verluste. Alle Parteien haben Angst, entscheidende Wählergruppen zu verlieren, und deshalb Sorge, das Fass Religionspolitik aufzumachen.« Gehe man nach den reinen Zahlen, sei die Gruppe der Konfessionslosen längst vergleichbar mit der der Katholiken oder Protestanten, sie müssten deshalb längst gleichberechtigt in der öffentlichen Diskussion vorkommen. Anders als in den Fünfzigerjahren, als fünfundneunzig Prozent der Bundesbürger Christen waren. »Ich habe aber den Eindruck, dass sich die Politik trotzdem lieber an der Kirche orientiert, weil sie da das Gefühl hat, moralisch auf der richtigen Seite zu sein. Noch.«

Ein Bundespolitiker, der sich ganz offiziell nicht an der Kirche orientiert, ist der sechsunddreißigjährige haushaltspolitische Sprecher der SPD-Bundestagsfraktion Carsten Schneider. Er ist das SPD-Gesicht der Eurokrise, der junge Erfurter mit der kantigen Brille ist wohl in jeder Tagesschau zum Thema zu sehen. Schon 2010 hatte er mit dem Versuch einiger Kollegen aus der SPD-Fraktion sympathisiert, den Arbeitskreis »Laizistische Sozialdemokraten« in der Partei zu gründen. Schließlich gab es in der SPD schon Arbeitskreise für Religionsgemeinschaften, wie den Arbeitskreis der Christen oder den Arbeitskreis für jüdische Sozialdemokraten. Es sei höchste Zeit, dass sich auch konfessionslose Sozialdemokraten organisierten.

Am 9. Mai 2011 trugen die Laizisten ihr Anliegen dem SPD-Parteivorstand vor und beantragten die formelle Anerkennung als Arbeitskreis. Das wurde einstimmig abgelehnt mit der Begründung, die Trennung von Kirche und Staat sei keine Position, die die SPD nach außen vertreten könne. Die Folge war monatelang andauernde Kritik, darunter der Vorwurf, die SPD schließe Freidenker aus. Ein Jahr später dann, am 14. Januar 2012, nahm SPD-Parteichef Sigmar Gabriel zu der Sache noch einmal ausführlich und öffentlich Stellung. Auf seiner Facebook-Seite. »Ich wurde von mehreren Facebook-Kommentatoren gebeten, mich noch einmal zum Thema Laizisten in der SPD zu äußern. Das tue ich im Sinne der Transparenz gerne, auch wenn ich das Thema nicht wirklich weltbewegend finde. (...) Wenn sich jede beliebige Gruppierung ›Arbeitskreis‹ nennen würde, wüsste kein Außenstehender, wer nun wirklich die Position der SPD nach außen vertritt. Kernanliegen der Laizisten ist die strikte Trennung von Kirche und Staat. Das ist ein völlig legitimes Interesse. Und das können laizistisch orientierte Mitglieder der SPD auch tun. Die entscheidende Frage lautet aber: Ist das die Position der SPD? Die klare Antwort darauf ist: Nein. (...) Und weil ich ahne, dass ich das ohnehin nachher wieder in den Kommentaren lesen werde: Nein, niemand in der

SPD-Führung ›frömmelt‹, niemand will irgendjemand missionieren. Nein: Es geht nicht um religiöse Bekenntnisse. Ja: In den christlichen Kirchen läuft einiges schief. Ja, wenn die Parteiführung mit Kirchenvertretern diskutiert, sprechen wir auch das kirchliche Arbeitsrecht an. Ja, ich weiß, dass sich immer mehr Menschen in Deutschland keiner der christlichen Kirchen zugehörig fühlen. Und: Ja, stimmt, der Eintrag ist viel zu lang … So, und jetzt viel Spaß beim Diskutieren! Denn dafür braucht es gerade unsere Partei. Schweigen können die anderen besser! ;-)« – 13 233 Leuten gefällt das.

Statt zu diesem Eintrag möchte Carsten Schneider im Herbst 2012 lieber etwas zur Sache sagen. »Trennung von Staat und Kirche klingt immer sehr radikal.« Es sei eigentlich ganz einfach, denn gerade beim Thema kirchliches Arbeitsrecht gehe es nicht um Religion, sondern um eine staatliche Arbeitsleistung. »Ich finde es nicht hinnehmbar, dass über eine Million Arbeitnehmer in Betrieben, die soziale Dienstleistungen erbringen, keinerlei Streikrecht oder die Rechte des Betriebsverfassungsgesetzes haben. Das hat auch nichts mit dem Verkündungsauftrag der Kirchen zu tun, sondern die erbringen eine staatliche Dienstleistung, sei es im Kindergarten oder im Alten- oder Pflegeheim, dafür bezahlen wir, und deshalb müssen dort auch normale Sozialstandards gelten. Der Verkündungsauftrag, der kann gelten, aber für Pfarrer, für den engsten Bereich, nicht für eine Kindergärtnerin. Man muss das Betriebsverfassungsgesetz ändern.« Und noch ein weiterer Punkt sei entscheidend: »Es kann nicht sein, dass jemand, der Kinder erzieht oder Alte pflegt oder in der Schule Mathema-

tik unterrichtet, diesen Job nicht bekommen kann, weil er nicht katholisch oder evangelisch ist, das ist überhaupt nicht akzeptabel. Da gilt das Antidiskriminierungsgesetz und ich finde, es wirft ein verheerendes Bild auf Deutschland, dass wir in einem Bereich von Millionen Beschäftigten eine Separierung haben.«
Auf die Frage, wie er sich erkläre, dass das Thema bislang in der Bundespolitik keine entscheidende Rolle gespielt habe, antwortet Carsten Schneider: »Es scheint erstens sowohl in den politischen Parteien als auch in der Gesellschaft die Aufklärung nicht da zu sein und zweitens scheint man sich arrangiert zu haben. Die Kirchen sind natürlich wichtig, ich stelle auch ihre Leistungen nicht infrage, aber es gibt viele Parteien oder fast alle, die darauf gucken, es sich mit denen nicht zu verscherzen.«

In Rauschendorf ist endlich der Tag gekommen, an dem die Parteien im Jugendhilfeausschuss über den Bürgerantrag der Eltern entscheiden sollen. Es ist der 8. März 2012. Im Vorfeld hat Peer Jung versucht, die Mehrheit der Ausschussmitglieder noch einmal ans Telefon zu bekommen. »Die machen den ganzen Tag Lobbyarbeit, warum soll ich da nicht die Leute anrufen und mich für unsere Sache starkmachen?«, fragt Peer Jung. »Ich wollte ihnen noch einmal sagen: Ihr müsst da zustimmen. Einige hatten sich zwar schon geoutet, dass sie hinter uns stehen, aber die größte Unwägbarkeit waren die vier CDU-Mitglieder und auch bei der FDP war man sich nicht einig.«
Am Tag vor der entscheidenden Sitzung, so erzählt es Peer Jung, habe es dann im Ort eine außergewöhnlich hit-

zige CDU-Fraktionssitzung gegeben. Die Eltern wissen: Josef Griese, der Fraktionsvorsitzende und neue Lebenspartner von Bernadette Knecht, ist kurz da gewesen und hat sich dann entschuldigt. Er sei befangen, habe er gesagt, offensichtlich. »Natürlich ist das ein Problem für die CDU«, sagt Peer Jung im Rückblick. »Ein Fraktionschef, ein Kirchenvorstand, ein Kirchengemeindeverbandsmitglied, das ausgerechnet der Kirche so in den Rücken fällt. Ausgerechnet er. Ich bin mir sicher, einige haben ihn als Verräter in den eigenen Reihen gesehen.« Auch die anderen Parteien habe das natürlich beeinflusst. »Es gab sicher den einen oder anderen aus der Opposition, der ihm keinen Gefallen tun wollte mit einer Abstimmung pro Eltern und gegen die Kirche. Es war für alle schwierig.« Das Ergebnis der kontroversen Fraktionssitzung sei jedenfalls gewesen, dass man davon abgesehen habe, als Fraktion einheitlich abzustimmen. »Das hieß, jeder der vier darf entscheiden, wie er will. Da machten wir uns wieder mehr Hoffnungen«, erzählt Peer Jung.

Am entscheidenden Tag, an dem endlich die Sitzung in Rauschendorf stattfinden soll und die Eltern auf eine dünne Mehrheit in der Abstimmung hoffen, erreicht die Stadtverwaltung in der bereits laufenden Sitzung eine druckfrische Stellungnahme. Sie kommt von der Kirche. Pfarrer Udo Maria Schiffers und der Kirchengemeindeverband bitten darum, ihre Sicht der Dinge darlegen zu dürfen, bevor über eine Kündigung entschieden werde.

Und so gibt die CDU-Fraktion an diesem Tag lediglich bekannt, dass man noch Beratungsbedarf habe. Die Sitzung wird vertagt. Die Eltern gehen nach Hause.

Unter der Stellungnahme der Kirche steht nicht nur der Name von Pfarrer Udo Maria Schiffers. Dort hat auch Ulrike Keller unterschrieben. Sie ist ebenfalls Mitglied im Königswinterer Kirchengemeindeverband und sie ist nebenamtliche Vernehmungsrichterin am Offizialat in Köln, dem kirchlichen Ehegericht.

10.
»Wir fühlen uns Höherem verpflichtet«

Eine Erklärung

Ulrike Keller sitzt im Herbst 2012 im Schatten einer Königswinterer Kirche in einem Café und hat gerade ihre Lederjacke ausgezogen. Es ist warm genug. Sie trägt eine rosafarbene Bluse, eine helle Perlenkette. Heute ist sie nicht mit dem Motorrad da. Sie war mit Pfarrer Udo Maria Schiffers und einigen anderen begeisterten Fahrern schon in halb Europa unterwegs. Ulrike Keller ist Juristin, Anwältin und wie Thomas Schulte-Beckhausen einer der zehn gewählten Kirchenvorstände im Gemeindeverband von Königswinter. »Ich bin von Hause aus ein gläubiger Mensch«, sagt sie. »Mir ist Kirche sehr, sehr wichtig und deshalb habe ich entschieden, mich für sie einzusetzen.« Seit ihrer Firmung im Alter von vierzehn Jahren ist Ulrike Keller in den Gremien der Kirche aktiv. Sie hat damit begonnen, in der heiligen Messe Fürbitten und die Lesung vorzutragen. Dann war sie im Pfarrgemeinderat, hat Grundschüler auf die Kommunion vorbereitet, Jugendliche auf die Firmung. Außerdem arbeitet Ulrike Keller für das Erzbischöfliche

Offizialat in Köln, das kirchliche Ehegericht. Dort können katholische Eheleute einen Antrag auf Annullierung ihrer kirchlich geschlossenen Ehe stellen. Denn auch wenn katholische Ehen per Definition unauflöslich sind, kann man sie in einem Eheprozess auflösen lassen, wenn es triftige Gründe dafür gibt. Das Kölner Offizialat ist eins von insgesamt zweiundzwanzig Ehegerichten. Im Jahr 2010 wurden in Deutschland insgesamt über 2700 Eheprozesse verhandelt. Ulrike Keller ist so etwas wie die mobile Außenstelle des Kölner Gerichts. Zu den Menschen, die nicht nach Köln kommen können, fährt sie mit ihrem Laptop. »Dann mache ich die sogenannte Zeugen- und Parteivernehmung mit den Verwandten, Geschwistern und Freunden des Paares vor Ort«, erläutert Ulrike Keller ihre Arbeit. »Das kann pro Person zwischen anderthalb und drei Stunden dauern und ist nichts anderes als eine Beweiserhebung durch Vernehmung.« So ein Prozess könne sich durchaus über zwei Jahre hinziehen. »Meine Aufgabe ist es festzustellen, ob zum Zeitpunkt der Eheschließung ein ›Ehehindernis‹ vorgelegen hat. Zum Beispiel eine falsche Einstellung zur Unauflöslichkeit der Ehe, fehlende Treue, fehlender Wille zu Elternschaft. Wenn einem der Ehepartner da etwas vorenthalten wurde, kann eine katholische Ehe annulliert werden«, erklärt die nebenamtliche Vernehmungsrichterin.

Ulrike Keller kennt sich jedenfalls mit dem Thema des katholischen Eheversprechens sehr gut aus und als Juristin ist sie im Kirchengemeindeverband ohnehin willkommen. Dort hat sie über den Fall von Bernadette Knecht mitentschieden. Sie war es, die der Kindergartenleiterin zusammen mit der Pfarrsekretärin die Kündigung überbrachte. Sie hat in der Kirchengemeindeverbandssitzung mit den Elternvertretern diskutiert. Sie hat auch die Stellungnahme der Kirche für den Bürgermeister verfasst und ist sich heute noch sicher, dass die Kündigung die einzig richtige Lösung war. »Wenn jemand in vollem Bewusstsein einen entsprechenden Vertrag unterschreibt – und davon gehe ich jetzt mal aus, dass Frau Knecht mit vierzig weiß, was sie unterschrieben hat – dann wird der- oder diejenige darüber aufgeklärt, dass er sich nach den Spielregeln der katholischen Kirche zu verhalten hat. Dazu gehört vor allem, dass es ganz eindeutig den kirchlichen Regeln widerspricht, wenn man vor Gott verheiratet ist und dann zu einem neuen Partner zieht. Das hätte sie wissen müssen.« Deshalb könne sie die ganze Aufregung nicht nachvollziehen. Entscheidend sei für sie, dass sich die Kirche selbst nichts habe zuschulden kommen lassen.

Genau das ist der Tenor der Stellungnahme. Darin schreibt Ulrike Keller zum Thema Bürgerantrag an Bürgermeister Peter Wirtz: »Dieses in vielen Punkten unbegründete und auch unsachliche Vorbringen ist keine gute Diskussionsgrundlage.« Von der Stellungnahme gibt es zwei Versionen, eine vertrauliche längere an die Ratsmitglieder und eine kürzere für alle anderen. In der längeren Version äußern sich die Kirchenvorstände auch zu Bernadette Knechts Arbeitsvertrag.

»In Paragraf 1 des Vertrages ist geregelt – was im Übrigen für alle Arbeitsverhältnisse mit Gliederungen der katholischen Kirche gilt –, dass der Dienst in der katholischen Kirche von Frau Knecht fordert, dass sie ihre persönliche Lebensführung nach der Glaubens- und Sittenlehre der katholischen Kirche einrichtet. (…) Es dürfte klar sein, dass das Verlassen der eigenen Familie und das Zusammenleben mit einem anderen Partner nicht den Glaubens- und Sittengrundsätzen der katholischen Kirche entsprechen. Dabei maßen sich die Vertreter der Kirchengemeinde kein Urteil darüber an, aus welchen Gründen die Ehe von Frau Knecht zerbrochen ist. Umgekehrt sollten aber auch die Verfechter des Standpunktes von Frau Knecht nicht den Eindruck erwecken, wie es im Generalanzeiger zu lesen war, als sei Frau Knecht hier nur Opfer. (…) Für die Beurteilung des Sachverhalts kommt es auch nicht darauf an, ob diese Auffassung der katholischen Kirche ein – wie es im Bürgerantrag heißt – entrücktes Weltbild wiedergibt. (…) Selbst wenn die Mehrheit in der Gesellschaft der Auffassung ist, die Ehe sei keine untrennbare Verbindung und die Aufnahme einer neuen Partnerschaft trotz bestehender Ehe sei zu tolerieren, ist es das Recht der katholischen Kirche, Arbeitsverträge auf der Grundlage der Grundsätze abzuschließen, die Inhalt der Glaubens- und Sittenlehre sind. Ob die Arbeitsgerichte dem folgen, bleibt abzuwarten. Bisher entspricht es jedenfalls der gefestigten Rechtsprechung des Bundesarbeitsgerichts, dass die Grundsätze zum Inhalt des Arbeitsvertrages gemacht werden dürfen.«

Eine Erklärung

»Mir ist es wichtig zu erklären«, sagt Ulrike Keller, »Verständnis zu wecken und für den Standpunkt der katholischen Kirche zu werben. Denn die meisten Eltern verstehen einfach nicht, dass wir als Kirche nicht der Mehrheit, sondern einem Höheren verpflichtet sind.« Die katholische Kirche könne auf bestimmte Dinge in ihren Arbeitsverträgen nicht verzichten, sonst werde sie profillos. »Sie ist einem Höheren verpflichtet. Das kann ich leider nur immer wiederholen: Die Kirche kann nicht die Ehe aufgeben, sie würde sich damit selbst auflösen.« Dann erklärt auch sie, warum gerade das Festhalten am Idealbild der Ehe für einen katholischen Christen so entscheidend ist. »Die Ehe ist für uns ein Abbild der Treue Gottes zu den Menschen. Gott hat die Menschen so sehr geliebt, dass er für sie bis ans Kreuz gegangen ist. Er war absolut treu und diese Treue soll sich in der Ehe widerspiegeln.« Das gelte auch für Bernadette Knecht. »Wenn wir jetzt sagen, sie kann weiterhin als von ihrem Ehemann Getrennte und mit einem neuen Partner Zusammenlebende im Kindergarten arbeiten, dann widerspricht das ganz klar den Lehren der Kirche. Das ist leider nicht hinnehmbar. Sie kann so kein Vorbild mehr sein, für die Eltern nicht, für die Kinder nicht und auch nicht für ihre Kollegen. Zu sagen, Kirche muss barmherzig sein, ist das falsche Argument.« Ulrike Kellers Tonfall wird nun bestimmter. »Barmherzig hat Kirche zu sein, wenn jemand kommt und sagt, da habe ich einen Fehler begangen, das tut mir leid. Natürlich, im Johannesevangelium ist der oft zitierte Satz zu lesen: Wer ohne Sünde ist, der werfe den ersten Stein. Interessanterweise steht das gerade im Absatz zu der Ehebrecherin.«

Allerdings werde dann aber immer der folgende Passus weggelassen.»Nämlich, dass Jesus, als alle weggegangen sind, zu ihr sagt: Gehe hin und sündige nicht mehr. Die Konsequenz hieraus wäre: Frau Knecht zieht sich zurück, kann ruhig getrennt von ihrem Ehepartner leben, aber eben ohne einen neuen Partner. Das wäre eine ganz andere Situation. Ich frage mich: Wenn Frau Knecht wirklich so katholisch ist, warum zieht sie dann nicht selbst die Konsequenzen?«

Die ganze Geschichte, sagt Ulrike Keller, zeige, dass man den Menschen wieder besser bewusst machen müsse, was die Ehe bedeute.»Die Kirche muss ihre Standpunkte wieder deutlicher und besser vermitteln. Regeln sind Stützen, das Rückgrat für den einzelnen Gläubigen und wenn das nicht von der breiten Masse getragen wird, ist das sehr traurig. Dann muss man sich als Kirche noch mehr ins Zeug legen, um den Glauben zu vermitteln, den Menschen zu erklären, worum es uns geht.« Sie wünsche sich jedenfalls, dass man die Türen nicht zuschlage.»Wir haben immer signalisiert: Wir sind gesprächsbereit.« Es müsse aber klar sein, dass die Kirche sich nicht auf einmal daran beteiligen könne, das Alltägliche zur Norm zu machen. Es sei das Wesen der Kirche, dass man sich einem Höheren verpflichtet fühle.»Das kann ich leider nur immer wiederholen.«

In der Stellungnahme der Kirchenvorstände an die Politik folgt auf den Teil über die Vertragsinhalte ein Wort zur Finanzierung.»Bei dieser Gelegenheit muss noch einem Vorurteil entgegengetreten werden, das die Presse aufgegriffen hat und das sich ebenfalls im Bürgerantrag findet, die Stadt

Königswinter finanziere den Kindergarten mit hundertzwei Prozent. Dies würde bedeuten, dass die Kirchengemeinde einen Gewinn von zwei Prozent macht. Tatsächlich finanziert die Stadt Königswinter den Kindergarten mit hundert Prozent.« Das Missverständnis rühre daher, dass zwischen Betriebs- und Verwaltungskosten unterschieden werde und die Verwaltungskosten mit zwei Prozent der Betriebskosten geschätzt würden. »Ferner ist zu beachten, dass auch der Kirchengemeindeverband eigene Mittel für den Kindergarten Rauschendorf ausgibt. So ist seit dem letzten Sommer im Kindergarten Rauschendorf eine Praktikantin tätig, die Kosten in einer Größenordnung von 20 000 Euro trägt allein der Kirchengemeindeverband.«

»Außerdem«, sagt Ulrike Keller noch zu diesem Thema, »hat sich die Kommune doch damals gefreut, dass wir das ganze Drum und Dran für sie übernehmen. Die Personalgespräche, die Sorgen, all diese Dinge fallen für sie weg. Da muss sich die Kirche drum kümmern. So ist der Staat beziehungsweise die Kommune aus der Verpflichtung, indem sie sagen, wir bezahlen und den Rest macht Kirche. Das war sicherlich angenehm. Zumal alles prima gelaufen ist. Es war ein harmonisches Miteinander, völlig problemlos, es hat sich nie jemand über irgendetwas aufgeregt, bis halt diese Situation kam.« Ob sie glaube, dass der Stadt bewusst gewesen sei, dass solche Fälle kommen könnten, wo Kindergärtnerinnen entlassen würden, die in einem kommunalen Kindergarten ohne Weiteres bleiben könnten? »Ja«, sagt Ulrike Keller, »wer ein bisschen weiterdenkt, müsste so etwas mitkalkuliert haben, klar. Wir leben ja alle nicht auf dem Mond.«

Die Stellungnahme schließt dann mit folgenden Worten:

»Wir haben nicht die Absicht, die profilierte katholische Kindertageseinrichtung in Rauschendorf in eine andere Trägerschaft zu überführen. Ein laufender Rechtsstreit mit einer Mitarbeiterin, unabhängig davon, ob er nun auf einer Missachtung staatlicher oder kirchlicher Vorgaben basiert, kann nicht Motivation sein, von einer bewährten Trägerschaft abzurücken. Unser Auftrag als Kirche lautet, das Evangelium zu verkünden – besonders den Kleinen und Schutzbedürftigen in unserer Gesellschaft. Wir wollen Kinder mit ihrer eigenen spirituellen Kraft und mit ihren existenziellen Grundfragen ernst nehmen, sie nicht ›um Gott betrügen‹, wie es der bekannte Religionspädagoge Albert Biesinger formulierte.«

Die Kirchenvertreter bitten die Stadt, ihnen nicht zu kündigen und ihnen so »die Fortsetzung erfolgreicher Arbeit im Bereich der Elementarpädagogik zu ermöglichen«.

Sie glaubt, sagt Ulrike Keller noch, dass den Eltern gar nicht bewusst gewesen sei, was die Aufgabe eines katholischen Kindergartens wirklich bedeute. »Ein katholischer Kindergarten feiert die Kirchenfeste. Es wird klargemacht, was Weihnachten ist, nämlich die Geburt unseres Herrn Jesus Christus und nicht des Weihnachtsmannes. Oder Ostern feiern wir nicht den Osterhasen. Da geht es um Tod und Auferstehung Jesu Christi. St. Martin wird in manchen Kindergärten nur noch ›Laternenfest‹ genannt. Das ist eine Verarmung des Ganzen.« Auch wenn der Kindergarten aus dem Geld der Allgemeinheit finanziert wird? »Ja, denn der Staat weiß schon sehr genau, was er an uns hat. Wenn man einen staatlichen Kindergarten sieht, die Gott sei Dank nur ganz minimal gesät und für viele einfach nur eine Verwahranstalt sind, dann ist klar, dass der Staat kein Interesse daran haben kann, die Religionen zurückzudrängen.« Sie verstehe nicht, dass sich die Stadt überhaupt auf diese Sache einlasse. »Diese Diskussion gibt es doch nur, weil sich jemand nicht an die Regeln halten will und das hochhängt. Das kann nicht sein, da stimmt was nicht.«

Während die Kirche ihr Verhältnis zur Stadt überdenkt, überlegen einige Jugendausschussmitglieder schon Alternativen zur Kirche. »Die Frage, ob das Verständnis der Kirche noch ist, eine breit verankerte, bedeutende, gesellschaftliche Kraft zu sein, lässt sich wohl in Rauschendorf nicht abschließend behandeln«, sagt SPD-Mann Björn Seelbach. »Aber meiner Meinung nach gibt man das auf, wenn man sich auf solche Positionen zurückzieht.« – »Ich glaube«, sagt der Kollege von den Grünen, Richard Ralfs, dazu, »es liegt eine gewisse Überschätzung des Ansehens der eigenen kirchlichen Wertmaßstäbe in einer breiten Bevölkerung vor. Wenn die Kirche ein kirchliches Selbst- und Eheverständnis vorbringt, das sich in weiten Teilen der Bevölkerung – die sogar der Kirche angehören und die eigentlich gerne in konfessionellen Einrichtungen sind – so überhaupt nicht mehr wiederfindet. Wenn das zum Kriterium erhoben wird, müssten ganz viele sagen:

Dann bin ich hier raus. Und ich glaube, das kann die Kirche selbst nicht wollen. Sie muss vielleicht ein Ideal aufrechterhalten, sollte aber auch mit der Zeit gehen und anderen Lebenskonzepten Raum geben, die heute einfach da sind.« »Bis man zu dritt im Keller steht und sich die Hände reicht«, fügt Björn Seelbach noch hinzu. Sie als Politiker hätten sich damals vor allem gefragt, ob man in Königswinter, in Rauschendorf, überhaupt noch ein Kindergartenangebot habe, das für alle attraktiv sei. »Bildet die Trägerlandschaft eigentlich noch den Bedarf der Eltern ab? Die Frage war für mich auch entscheidend. Was ist, wenn Eltern etwa eine nicht kirchliche Einrichtung suchen und die aber nicht finden? Haben wir für alle, auch zum Beispiel für Kinder aus prekären Familienverhältnissen, ein Angebot, das für sie zugänglich ist? Die Kirchen sind es für muslimische Familien wahrscheinlich nicht. Und die Elterninitiativen – bei aller Liebe und Präferenz für das, was da geschieht – haben hohe Ansprüche an Mithilfe, da müssen die Eltern der Kinder viel Arbeit und Zeit investieren. Das ist nicht für jeden was.« Mit einer Bürgerbefragung hätte man damals zum Beispiel herausfinden können, welche Art Einrichtungen man in dieser Stadt braucht, damit sich alle Familien angesprochen fühlen. »Wenn dabei herauskommt, es sollen neunzig Prozent kirchliche Einrichtungen sein, dann sollten wir die schaffen. Aber wenn sich herausstellt, wir brauchen nur zehn Prozent, dann müssten wir uns überlegen, welche Veränderung wir in den bestehenden Einrichtungen vornehmen, damit alle Leute ihre Kinder in den Kindergarten schicken. Dann könnte auch ein kommunales Angebot eine Lösung sein.« Aber das sei nur eine Idee gewesen, so weit sei es gar nicht mehr gekommen.

In der Zeit dieser Überlegungen geht Bernadette Knecht im Kindergarten nicht mehr selbst ans Telefon. Es ist ihr alles zu viel. Längst berichtet die überregionale Presse über ihren Fall. Die Kindergartenleiterin geht zwar weiter jeden Tag zur Arbeit, aber sie weiß weder, ob die Stadtverwaltung in ihrem Sinne entscheiden wird, noch ob ihre Kündigungsschutzklage vor Gericht Erfolg haben wird. Wenn das alles nicht funktioniert, hat sie in vier Monaten keine Arbeit mehr. Den Gütetermin Ende Februar, der innerhalb der ersten Wochen nach Eingehen der Kündigungsklage vor Gericht vorgesehen ist, haben sie und ihr Anwalt Norbert H. Müller im Einvernehmen mit der Gegenseite abgesagt. Es sei klar gewesen, dass es bei dem auf zehn Minuten angesetzten Treffen keine Einigungsmöglichkeit gegeben hätte, erzählt Bernadette Knecht. Außerdem habe sie sich unnötige mediale Aufmerksamkeit ersparen wollen.

Während für sie alles in der Schwebe ist, beschließt Bernadette Knecht zu handeln. Sie geht zu Vorstellungsgesprächen. Einige Kindergärten der Region haben ihr inzwischen konkrete Angebote gemacht. So kommt es, dass Bernadette Knecht im März 2012, noch bevor die zweite, vertagte Sitzung im Jugendhilfeausschuss überhaupt stattgefunden hat, vier Stellenangebote zu Hause liegen hat. Sie muss nur noch unterschreiben.

11.
Mit dem Taxi zum Gymnasium
Die Nebenwirkungen christlicher Schulen

In Emmerich im Kreis Kleve hat sich Schuldirektor Heribert Feyen gerade in einem Klassenzimmer auf einem Hellholz-Schülerstuhl mit grünen Metallbeinen niedergelassen. Auch er hat von Bernadette Knechts Geschichte in der Zeitung gelesen. Und auch bei ihm ist die Lokalpresse schon gewesen. Denn in seiner Schule gibt es ein ähnliches Problem mit einer seiner Kolleginnen: Nina Lockmann schließt gerade das große Kippfenster, auf dem jedes Kind ihrer Klasse einen roten, blauen oder grünen Handabdruck mit seinem Namen hinterlassen hat. Zwei Jahre war sie an dieser Grundschule die Klassenlehrerin der 4a. Jetzt muss sie gehen.

Nina Lockmann ist Anfang dreißig und direkt nach ihrem Referendariat an die Liebfrauenschule gekommen. Die Grundschule ist in der Region bekannt und beliebt, die Schülerzahlen steigen stetig. Im nächsten Jahr werden es an die dreihundert Schüler sein und Nina Lockmann sollte dann statt einer Vertretungs- eine feste Stelle bekommen. Doch dann stellte ihr Direktor fest: Für eine unbefristete

Anstellung hat seine Mitarbeiterin nicht die richtige Konfession. Nina Lockmann ist evangelisch und die Liebfrauenschule ist eine katholische Grundschule. Deshalb muss sie nun gehen.

»Wir haben die Stelle allgemein im Internet ausgeschrieben«, erzählt Direktor Feyen und schaut kurz auf. »Dann kam von der Bezirksregierung sofort die Anmerkung zurück, dass nur katholische Christen überhaupt Zugang zu diesen Stellen haben und dass wir die Ausschreibung dementsprechend ändern sollten.« Heribert Feyen spricht klar und präzise, aber man merkt ihm trotzdem an, wie sehr ihn das alles ärgert. »Alle, die nicht katholischen Bekenntnisses sind, können sich hier gar nicht erst bewerben. Die fallen sofort aus dem Bewerberkreis raus. Unabhängig von ihrer Kompetenz, unabhängig von den Ergebnissen, die sie gehabt haben, unabhängig von dem Willen, an unserer Schule zu unterrichten, und in diesem Fall sogar unabhängig davon, ob man hier schon gearbeitet hat oder nicht.« Die entsprechende Passage im Nordrhein-Westfälischen Schulgesetz, Paragraf 26, lautet: »Lehrerinnen und Lehrer an Bekenntnisschulen müssen dem betreffenden Bekenntnis angehören und bereit sein, an diesen Schulen zu unterrichten und zu erziehen.«

Im Klassenzimmer sitzen nicht nur Nina Lockmann und ihr Direktor. Dort sitzt auch Sarah Lümen. Die beiden Kolleginnen verstehen sich gut, beide gehören zu den Jüngeren hier. Sarah Lümen ist ebenfalls direkt nach ihrem Referendariat Vertretungslehrerin an der Liebfrauengrundschule geworden. Auch sie ist nicht katholisch, sondern frei-evangelisch, auch sie wird deshalb zum nächsten

Schuljahr gehen müssen, weil sie sich auf eine feste Stelle nicht bewerben darf. »Ich wusste zwar, dass der Landkreis hier sehr katholisch ist, aber ich wusste nicht, dass mich das irgendwann so betreffen würde«, sagt die junge Musiklehrerin. Nina Lockmann nickt, auch sie war von der Einschränkung überrascht: »Ich habe gehört, dass eine Stelle ausgeschrieben wird, und mich gefreut, dass ich die Chance habe, mich zu bewerben. Ein paar Tage später hieß es dann, man könne sich meine Bewerbung nicht ansehen, weil ich nicht katholisch bin.« Sie habe so gern an diese Schule gewollt, erzählt sie, weil es eine ländliche Schule sei und ihr das Konzept so gut gefallen habe. Das habe sich während der Arbeit bestätigt. Aber auf einmal sei die schlechte Nachricht gekommen und damit die Frage, wie man nun am besten damit umgehe. Eine einzige Möglichkeit zu bleiben habe es gegeben. »Die erste Überlegung, die ich hatte, war tatsächlich, zu konvertieren, also katholisch zu werden.« Die Kollegen am Tisch sind still geworden. »Aber das war nur im ersten Moment.« Schon bald darauf habe sie entschieden, dass das nicht der richtige Weg für sie sei. Nina Lockmann redet leise, aber bestimmt. »Ich weiß, dass viele Kolleginnen und Kollegen im Kreis das machen, aber ich konnte das nicht.«

Direktor Heribert Feyen schüttelt den Kopf. »Man möchte Kontinuität in der Arbeit, man möchte kompetente Leute in der Schule haben und da hakt es ganz einfach, weil ein bestimmter Personenkreis ausgeschlossen wird. Besonders bei Frau Lümen ist das zu sehen, weil sie im Fachbereich Musik unterrichtet, und da wäre bei uns ein richtiger Bedarf, der jetzt aufgrund ihres Bekenntnisses nicht erfüllt werden kann.« Sarah Lümen nickt. »Die Fächer, die ausgeschrieben wurden, passten genau auf mein Profil. Ich habe Musik, Mathe und Sachunterricht studiert. Genau das wurde seit Langem gesucht. Und was das Absurde ist: Eine Vertretung könnte ich weiter an dieser Schule machen, obwohl meine Konfession dieselbe bleibt. Aber eine feste Anstellung ist nicht möglich.« Sie habe sich deshalb inzwischen schon beim Schulamt neu beworben, aber die Anzahl der infrage kommenden Jobs habe sich für sie enorm reduziert, weil sie frei-evangelisch sei.

Der Landkreis Kleve ist besonders katholisch. Zwei Drittel aller Schulen sind dort sogenannte öffentliche Konfessions- oder Bekenntnisschulen. In Nordrhein-Westfalen sind ein Drittel aller Grundschulen christlich. All diese Schulen stehen nur Bewerbern mit der ›richtigen‹ Religion offen. »Das glaubt einem niemand«, sagt Nina Lockmann noch. »Auch die Freunde, die Familie, die konnten das erst überhaupt nicht glauben, dass es das heute noch gibt. Man fühlt sich wirklich diskriminiert.« Alle drei Lehrer, die hier am Tisch sitzen, blicken ratlos auf die leere Tischplatte. Nach ein paar Augenblicken fasst Direktor Feyen zusammen: »Wie kann das sein, dass Menschen in diesem Land aufgrund ihres Religionsbekenntnisses bei ihrer Bewerbung eine Ausgrenzung erfahren? Das finde ich sehr bedenklich.«

Die Liebfrauengrundschule in Emmerich ist eine von rund 3300 öffentlichen und privaten Konfessionsschulen in Deutschland. Die öffentlichen Konfessionsschulen sind staatliche Schulen wie alle anderen auch. Nicht die Kirche ist der Träger, sondern die jeweilige Kommune. Die Schulen werden deshalb zu einhundert Prozent aus öffentlichen Mitteln finanziert. Öffentliche Konfessionsschulen gibt es vor allem im Rheinland und in Niedersachsen. Insgesamt sind es etwa 1300.

Die privaten Konfessionsschulen sind in der Regel als staatliche »Ersatzschulen« anerkannt. Das heißt, sie nehmen dieselben Aufgaben wie staatliche Schulen wahr, haben dieselben Bildungspläne und stehen ebenfalls unter Aufsicht der Schulbehörde. Deshalb werden sie, je nach Bundesland, zu sechzig bis achtzig Prozent öffentlich finanziert. Den Rest kann die Kirche vor allem über ein Schulgeld einnehmen, das die Eltern zahlen. Träger dieser Schulen sind hier allerdings nicht die Kommunen, sondern die Kirchen und ihre Schulstiftungen, aber auch christliche Orden. Konfessionelle Schulen bilden die größte Gruppe unter den Schulen in freier Trägerschaft. Insgesamt gehen in Deutschland siebenundsechzig Prozent aller Privatschüler auf staatlich anerkannte evangelische oder katholische Schulen.

All diese Schulen werden zum Löwenanteil öffentlich, also von der Allgemeinheit, finanziert. Trotzdem arbeitet dort nur getauftes Personal, trotzdem müssen sich die Lehrer an katholischen Schulen an die Loyalitätsrichtlinien der katholischen Grundordnung halten: Gelebte Homosexualität, Wiederheirat, ein uneheliches Kind sind hier mögliche Kündigungsgründe, ganz gleich ob es sich bei der betreffenden Person um einen Religions- oder Mathelehrer handelt.

Ursprünglich waren die Konfessionsschulen ausschließlich christlichen Schülern vorbehalten. Aber weil die Klassen so nicht mehr voll werden, ist das inzwischen anders. Wenn aber die Nachfrage an Plätzen das Angebot übersteigt, können Schüler mit der passenden Konfession bevorzugt werden. Sprich: Wenn es eine hohe Zahl an Anmeldungen gibt, nehmen die Schulen erst die christlichen Kinder auf.

Die Schülerschaft der Liebfrauengrundschule in Emmerich ist gemischt. Nur gut die Hälfte der Kinder ist katholischen Glaubens. Aber alle, die auf die Schule gehen, werden dort katholisch erzogen.

Heribert Feyen geht in sein Büro und sucht nach einem Blatt Papier:»Da!« Er schiebt den Zettel wie ein Beweisstück über den Tisch.»Also, die Eltern müssen unterschreiben, dass es ihr ›ausdrücklicher Wunsch ist, ihr Kind an der katholischen Liebfrauengrundschule unterrichten zu lassen, auch wenn es nicht katholischen Bekenntnisses ist‹.« Der Direktor erläutert, was dieser Satz konkret für seine Schüler heißt.»Mit der Unterschrift stimmt man zu, dass das Kind am religiösen Leben in unserer Schule teilnimmt.«

In der Liebfrauengrundschule werden die Feste des katholischen Kirchenjahres gefeiert. Es gibt jedes Jahr einen Einschulungsgottesdienst und einen Liebfrauentag. Der Gottesdienst alle zwei Wochen ist eine Schulveranstaltung, also Pflicht. In einigen Klassen wird zu Unterrichtsbeginn gebetet und alle Kinder besuchen den katholischen Religionsunterricht, egal, ob sie getauft sind oder nicht oder einer anderen Religion angehören. In Konfessionsschulen ist die Teilnahme am Religionsunterricht verbindlich. Wer nicht kommt, kann von der Schule verwiesen werden.

Diese Fälle gibt es. Die offizielle Bezeichnung des Vergehens: »erschlichene Schulaufnahme«.

Im Grundgesetz steht in Artikel 7, Absatz 2: »Die Erziehungsberechtigten haben das Recht, über die Teilnahme des Kindes am Religionsunterricht zu bestimmen.« Das sei auch so, sagt eine Sprecherin des NRW-Bildungsministeriums auf Nachfrage. Man habe ja die Wahl, eine andere Schule der Region zu besuchen. Im Zweifel müsse man nur ein bisschen weiter fahren. Falls der Weg zur nächsten nicht konfessionellen Schule unzumutbar sei, müssten die Eltern den Zettel nicht unterschreiben. Das werde im Einzelfall geklärt. Aber man dürfe sich nicht einfach anmelden und dann nach einem Jahr sagen, dass man doch keinen katholischen Religionsunterricht für sein Kind möchte. Da sei ein Schulverweis möglich. Der Direktor hält den Zettel hoch und schüttelt heftig den Kopf. Er ist selbst katholisch, klar. Aber das alles kann er trotzdem nicht verstehen. »Für meine Begriffe ist das nicht mehr zeitgemäß.«

Während Heribert Feyen das sagt, spielt ein sechsjähriges Mädchen unten auf dem Schulhof Käsekästchen. Sie hüpft von Zahl zu Zahl und vertreibt sich die Zeit, bis ihr großer Bruder schulfrei hat. Die beiden sind die Kinder von Ingrid Hauser. Die Familie wohnt direkt um die Ecke. Auch die Tochter soll zum nächsten Schuljahr auf die Liebfrauengrundschule gehen. Denn das hier ist die nächstgelegene Schule für sie. Ingrid Hauser und ihr Mann gehören zu den fünfzig Prozent nicht katholischen Eltern an dieser Schule. Sie haben ihre Kinder bewusst nicht getauft. Deshalb mussten sie bei der Aufnahme ihres Sohnes die besagte Erklärung unterschreiben. Nun haben sie das zum zweiten Mal getan, diesmal für die Tochter. Wieder mit ungutem Gefühl.

»Mein Sohn lernt, sich hier zu bekreuzigen«, erzählt Ingrid Hauser, die mit ihrer Tochter wartet. »Oder er kommt auf einmal an Aschermittwoch mit einem Aschekreuz auf der Stirn nach Hause.« Die Mutter ist verärgert. »Es gibt hier so viele Kinder, die nicht katholisch sind. Muss das denn sein? An einer öffentlichen Schule?« Ihre Tochter hat aufgehört zu hüpfen und stellt sich neben ihre Mutter. »Das ist wirklich ein Problem«, sagt Ingrid Hauser und meint damit auch das, was gerade mit der Lehrerin Nina Lockmann passiert ist. »Man will die Kinder in der Schule zu Toleranz erziehen, gegenüber Ausländern, gegenüber anderen Religionen und wenn man dann seinem Kind sagen muss: Die Lehrerin musste gehen, weil sie evangelisch ist. Wie soll ich das meinem Kind erklären?« Das könne man nicht machen. »Wie soll man Kindern da beibringen, tolerant zu sein? Ich finde, das geht in der heutigen Zeit nicht mehr, man kann nicht eine Vorbildfunktion ausüben wollen und dann so etwas tun.« Es wäre etwas anderes, meint sie noch, wenn die katholische Kirche die Schule finanzieren würde. »Aber dass das von unseren Steuergeldern bezahlt wird, ist nicht in Ordnung. Dann muss die Schule auch alle Kinder nehmen. Das macht sie im Moment noch, aber die Anmeldungen steigen und ich muss dann im Zweifel später zu meinem Kind sagen, nein, deine Freundin kann hier nicht hin, die ist nicht getauft!«

Oben in seinem Büro ist Direktor Feyen derselben Meinung. Zwei Monate hat er noch hier an seiner Schule, dann wird er in Rente gehen. Ob er das alles so deutlich kritisieren würde, wenn er noch ein paar Jahre im Dienst wäre, weiß er nicht so genau. Klar ist nur, an diesem Tag will er kein Blatt vor den Mund nehmen.

»Wenn ich sehe, dass hier eine öffentliche Schule ein Forum bietet, wo mit staatlichem Einsatz, mit staatlichem Geld nur Katholiken religiöses Leben ermöglicht wird, denke ich: Das kann nicht sein.« In seinen Augen sei das christliche Missionsarbeit auf Staatskosten. »Das muss man so sehen. Ich hoffe sehr, dass sich das bald ändert, aber dafür ist der politische Bereich zuständig.«

Wer glaubt, Heribert Feyen wolle die Verantwortung abschieben, liegt falsch. Im Januar 2012 hat er versucht, etwas an der Situation in seiner Schule zu ändern. In Nordrhein-Westfalen gibt es die Möglichkeit, Konfessionsschulen in Gemeinschaftsschulen umzuwandeln, wenn genug Eltern ihre Stimme dafür abgeben. Genau das hat Direktor Feyen probiert. »Ich wollte nicht den lieben Gott aus der Schule treiben«, erzählt er. »Ich wollte nur, dass die Minderheiten hier an der Schule besser geschützt sind, dass wir bei den Lehrern einen breiteren Bewerberkreis zulassen können und bei den Schulleitungsposten ebenfalls.«

Auch Ingrid Hauser war mit dabei: Sie organisierte eine Podiumsdiskussion mit Vertretern der Kirche und startete mit anderen Eltern eine Unterschriftenaktion. Die Botschaft war: »Die Hälfte unserer Schüler ist nicht katholisch. Es gibt viele evangelische Kinder. Wir sind längst eine Gemeinschaftsschule. Lasst sie uns offiziell dazu machen. Dann könnten auch die evangelischen

Kolleginnen Nina Lockmann und Sarah Lümen bleiben.« Doch als der Tag der Wahl gekommen war, stimmten viel zu wenige Eltern für den Wechsel. Nötig gewesen wären zwei Drittel der Stimmen.

Direktor Heribert Feyen schiebt einen Stapel Bewerbungsmappen beiseite. Er hat eine Vermutung, warum die Aktion in Emmerich nicht erfolgreich war. Anders als etwa in Köln, wo Anfang 2012 drei konfessionelle Grundschulen auf Antrag der Elternschaft umgewandelt wurden. Dort gebe es ein anderes Publikum, vermutet Heribert Feyen. »Ich habe schon in der Schulkonferenz festgestellt, dass man offen Angst vor Veränderungen in unserer Schule hat, davor, dass plötzlich viele Ausländer hier aufgenommen werden könnten. Das war ein starkes Argument. Punkt.« Herbert Feyen schaut kurz auf und ist sich bewusst, was er sagt. Er ist überzeugt: »Es ging den Eltern nicht nur darum, dass die Schule katholisch bleibt, sondern die Schule sollte vom Niveau, vom Stand, vom Ruf so bleiben, wie sie ist. Dass man unter sich bleibt und die Qualität so bleibt, wie sie ist.« Das sei der Punkt gewesen und das sehe man auch daran, wie viele christliche Schulen neu gegründet würden, obwohl die Religiosität abnehme. Den Eltern gehe es eben nicht nur um den Glauben.

Einer, der sich im christlichen Privatschulwesen gut auskennt, ist Frank Olie. Er ist im Herbst 2012 auf dem Weg von Berlin nach Brandenburg und hat an diesem Tag einen angenehmen Termin. Eine seiner Schulen feiert fünfjähriges Jubiläum. Frank Olie ist Anfang fünfzig und war mal

Schulleiter am staatlich anerkannten evangelischen Gymnasium der Königin-Luise-Stiftung in Berlin-Dahlem. Jetzt ist er der Vorstandsvorsitzende der evangelischen Schulstiftung Berlin-Brandenburg, die es seit 2004 gibt. Seitdem hat die Stiftung im Großraum Berlin und Brandenburg fünfunddreißig Schulen gegründet. Man habe sich in der evangelischen Kirche vorgenommen, besonders auf dieses Feld zu setzen, erklärt Frank Olie das Phänomen. »Wir haben ein hohes Interesse daran, vor Ort Bildungs- und Glaubensarbeit zu leisten. Das ist auch im Programm »Salz der Erde«, dem Perspektivpapier unserer Landeskirche, ganz klar formuliert. Schulen sind eine Möglichkeit, Menschen anzusprechen. Das ist die Zielsetzung. Je jünger die Menschen sind, umso eher kann man sie für die Kirche gewinnen. Diese Idee stand dahinter.«

Im angesprochenen Perspektivpapier finden sich zu diesem Thema konkrete Zahlen. Unter der Überschrift »Zielvision 2020« steht: »Die Anzahl der Schülerinnen und Schüler in evangelischen Schulen wird bis 2020 verdoppelt; die Möglichkeit für brandenburgische Schülerinnen und Schüler, eine evangelische Schule erreichen zu können, wird wesentlich verbessert. Neugründungen evangelischer Schulen berücksichtigen nicht nur den Grundschul- und Gymnasialbereich, sondern bewegen sich in der gesamten Breite der Sekundarstufe I.«

Die Zahl der privaten Konfessionsschulen in ganz Deutschland ist allein zwischen 1999 und 2007 um knapp dreißig Prozent gestiegen. Die Nachfrage ist anhaltend groß. Auf einen freien Schulplatz kommen bis zu vier Anmeldungen. Insbesondere seit den Diskussionen über die Ergebnisse deutscher Schüler im internationalen Vergleich ist die Zahl der Neugründungen deutlich gewachsen. Die fünfzehn Schulstiftungen der evangelischen Kirche, die es inzwischen gibt, sind als Träger selbst aktiv und dafür da, Schulgründungsinitiativen zu beraten und Schulneugründungen zu begleiten. Die meisten neuen Schulen wurden in Ostdeutschland gegründet. Das erklärt sich aus der Geschichte. Doch der Zuwachs hält seit 1992 an – obgleich seit einigen Jahren staatliche Schulen wegen Schülermangels geschlossen werden. Wer diese Entwicklung positiv sieht, spricht von »Nachholbedarf« und »Trägervielfalt«. Wer es negativ sieht, argumentiert, dass zwei Drittel der Bevölkerung im Osten konfessionslos sind und die Schulen Nichtgläubige und Migranten ausschließen. Außerdem halte das dort fällige Schulgeld sozial Schwache von Anmeldungen ab, selbst wenn es dort »Sozialtarife« gebe. Ein weiterer Kritikpunkt: Wer als Lehrer dort eine unbefristete Stelle haben will, muss Mitglied einer christlichen Kirche sein.

Für die Gründer und Initiatoren christlicher Privatschulen sind solche Überlegungen aber nicht ausschlaggebend, denn die Gründung einer christlichen Privatschule hängt nicht davon ab, ob es vor Ort Bedarf für eine solche Schule gibt oder nicht.

Eine Schule zu gründen steht jedem Bürger zu, denn das Grundgesetz garantiert in Artikel 7, Absatz 4, das »Recht zur Errichtung von privaten Schulen«. Private christliche Ersatzschulen müssen ohne Bedarfsprüfung genehmigt werden, sobald sie die formalen Voraussetzungen erfüllen.

Die Kirche kann also selbst entscheiden, ob sie eine Schule gründet oder nicht. So kann es vorkommen, dass Kirchen sogar dort private Schulen eröffnen können, wo Kommune oder Landkreis zuvor beschlossen haben, öffentliche Schulen etwa wegen Schülermangels, zu schließen. Es ist nicht mehr als ein Entgegenkommen an den zuständigen Landkreis oder das Bildungsministerium, wenn sich die Kirche mit ihnen abspricht. Die gemeinsame Planung nennt die Kirche deshalb gerne die »ausstreckende Hand«, denn eigentlich könnte sie das auch allein realisieren. Die freien Träger haben Vorrang. Für diese Schulen zahlen muss aber trotzdem die öffentliche Hand. Frank Olie berichtet, dass die Gründung einer Stiftung auch einen finanziellen Hintergrund gehabt habe. »Unsere Schulstiftung ist 2004 gegründet worden, weil man gesagt hat, das evangelische Schulwesen muss in eine eigene Struktur gebracht werden. Auch finanziell. Die evangelische Schule darf nicht von den Schwankungen der Kirchensteuereinnahmen abhängig sein und soll sich möglichst selbst tragen, damit eine kontinuierliche Arbeit gewährleistet ist. Bis heute hat sich gezeigt, dass das eine sinnvolle Entscheidung war.« Er lächelt und konkretisiert: »Es fließen keine Kirchensteuermittel in die Finanzierung, sondern die Finanzierung läuft über die Landeszuschüsse, die wir erhalten. Das sind circa zwei Drittel der Vollkosten und das letzte Drittel müssen wir selbst erwirtschaften. Das sind die Elternbeiträge, die geleistet werden, das Schulgeld.« Beim Schulausbau sei man auf staatliche Mittel angewiesen. »Besonders wichtig waren da die umfangreichen Fördermittel, die über die Konjunkturprogramm-II-Mittel des Bundes und der Länder erlangt werden konnten.« Außerdem habe man noch weitere Partner, wie etwa die Kommunen, die dazu beitrügen, die Lücken zu schließen. »Die Kommunen helfen bei der Anschubfinanzierung, denn je nach Bundesland muss der Schulträger die ersten zwei bis drei Jahre selbst finanzieren. Oft können wir das ehemalige Schulgebäude kostenlos oder gegen einen geringen Betrag übernehmen, denn schließlich ist eine Schule ein Standortfaktor. Jeder Bürgermeister ist froh, wenn nicht alles verwaist.« Nicht zuletzt habe der Staat auch finanzielle Vorteile, denn bei Privatschulen müsse er nur siebzig bis achtzig Prozent der Kosten übernehmen. Und auch er sagt noch einmal: »Eine Kommune kann kein Schulgeld erheben.« So werden private Haushalte belastet und die Bildungsausgaben der öffentlichen Hand entlastet.

Die eine Kommune freut sich, die andere nicht. Denn die Schüler, deren Eltern sich entschlossen haben, sie lieber auf die neue christliche Privatschule im Nachbarort zu schicken, fehlen an den öffentlichen Schulen. »Ja, das ist nicht nur vom Publikum her ein Problem«, sagt Karl-Heinz Gebhard vom Schulverwaltungsamt des Märkisch-Oderland-Kreises in Brandenburg. Auch in seinem Verwaltungsbezirk ist ein öffentliches Gymnasium aus Schülermangel geschlossen worden, um andere Standorte in der Umgebung zu stabilisieren. Karl-Heinz Gebhard erzählt, dass der Landkreis die staatliche Schule 2007 vor den Sommerferien zugemacht habe und die neue evangelische Privatschule dann direkt danach im selben Gebäude mit einem neuen Kollegium wieder aufgemacht habe. Im Jahr darauf habe es im Nachbarort auf einmal nicht mehr genug Schüler für das dortige Gymnasium gegeben. »Wir mussten einen Jahrgang aussetzen«, erzählt Karl-Heinz Gebhard. Eigentlich kümmert sich sein Schulverwaltungsamt vor allem um die Ausstattung von Schulräumen, um den Hausmeister, den Schülerspezialverkehr, zum Beispiel für behinderte Kinder, die nicht mit öffentlichen Verkehrsmitteln in die Schule kommen können. Dieser »Schülerspezialverkehr« hat jetzt allerdings noch eine andere Aufgabe.

Karl-Heinz Gebhard erläutert das Problem: Der Staat gebe jedem seiner Schüler eine Garantie auf einen Platz an einer öffentlichen Schule. »Wenn es hier aber nur noch eine evangelische Schule gibt und die Eltern ihre Kinder nicht dahin schicken wollen, weil sie vielleicht gar nicht religiös sind, hat der Landkreis als Schulträger eine Beförderungspflicht für diese Schüler. Das heißt, sie werden mit dem Daimler in die nächste staatliche Schule gefahren, nach Straußberg zum Beispiel. Das sind fünfzig Kilometer. Für den Taxifahrer zweihundert Kilometer, vier Strecken am Tag. Im Zweifel bis zum Abitur.« Wenn er die Taxirechnungen des Landkreises sehe, denke er manchmal, es wäre billiger gewesen, den Jahrgang nicht auszusetzen.

Ein Gutes habe das Ganze aber doch, resümiert der Leiter des Schulverwaltungsamtes. Das öffentliche Gymnasium, dem auf einmal die Schüler fehlten, habe sich so einiges überlegt, um die Schule wieder attraktiver zu machen. Es gebe jetzt zum Beispiel ein Begrüßungsgeschenk, einen Rucksack mit Schulmaterialien. Darin fänden sich ein Atlas und ein Taschenrechner.»Den zahlen die Stadt und die Wohnungsbaugesellschaft für jeden Schüler, der sich für die staatliche Schule entscheidet.«

»Die Eltern wollen uns«, fasst Frank Olie das Erfolgsrezept der evangelischen Schule zusammen.»Das ist der Grund für uns zu sagen, ja, da machen wir auf.« Im Regelfall seien die Eltern zuerst da. Die seien unzufrieden mit dem staatlichen System und machten sich auf die Suche nach einem starken Partner. Da kämen sie ins Spiel.»Schule ist das Beste, was der Kirche passieren kann.« Es sei sogar schon vorgekommen, dass Kommunen von sich aus auf die Schulstiftung zugekommen seien mit der Anfrage, ein konfessionelles Gymnasium zu gründen, um das städtische Schulangebot zu entlasten.»Ich stehe also nicht im Büro vor dem Reißbrett und sage: Da, da und da machen wir eine Schule auf. Es sind die Eltern, die uns rufen.«

12.
»Die können nicht mehr miteinander«
Eine Entscheidung

Am 19. März 2012 soll in Rauschendorf die vertagte Sitzung des Jugendhilfeausschusses nachgeholt werden. Eine Sondersitzung ist anberaumt. Die Stadtvertreter haben sich in der Zwischenzeit mit der Stellungnahme der Kirche befasst und wollen nun endgültig entscheiden: Kündigen sie der Kirche als Träger ihres Kindergartens? Oder bleibt die Kirche und Bernadette Knecht muss gehen?

Alle Beteiligten sind angespannt. Bernadette Knecht hat keinen neuen Vertrag unterschrieben. Sie hat sich entschieden abzuwarten. Zu der Sondersitzung will sie selbst nicht gehen, die Eltern werden berichten, das haben sie schon versprochen. Auch Pfarrer Udo Maria Schiffers will nicht persönlich zur Sitzung kommen, er hat Ulrike Keller gebeten, den Kirchenvorstand zu vertreten.

Die Eltern, Canina und Peer Jung, Alice Ernst und die andern, haben sich noch einmal für das Wochenende verabredet. Peer Jung soll im Ausschuss ein paar Minuten Redezeit bekommen. Sie wollen sich vorbereiten.

Am Freitagmorgen dann, drei Tage vor der Entscheidung, haben die katholischen Haushalte in der Gegend einen grünen Zettel im Briefkasten. Ein DIN-A4-Blatt, beidseitig bedruckt, von Hand verteilt. Es liegt in den Kirchen aus, ist auf der Internetseite des Kirchengemeindeverbandes und des Bistums Köln zu sehen. Die Überschrift lautet: »Stellungnahme des Kirchengemeindeverbands zu den kontroversen Diskussionen um den katholischen Kindergarten in Königswinter-Rauschendorf« »Zur Auslage« steht da noch. Dieses Mal geht das Schreiben der Kirche nicht vertraulich an die Ratsmitglieder. Es geht raus ins Dorf, an die katholischen Bürger und damit auch an Alice Ernst.

Sie sitzt mit dem Zettel im Herbst 2012 vor ihrem Haus auf einer Bank und liest ihn sich abermals durch. Während der Lektüre wird sie wütend. »Was mich so sehr ärgert, ist, dass in diesem Brief Persönliches, Persönlichstes von einer Frau ausgeplaudert wird. Das ist eine Schmähschrift. Gerade dieses Schreiben nehme ich der Kirche ganz besonders übel. So etwas zu verteilen, in den Kirchen auszulegen, mir in den Briefkasten zu stecken – das ist einfach eine andere Dimension.«

Und so beginnt der Brief, den auch diesmal Kirchenvorstand Ulrike Keller im Namen des Gemeindeverbandes verfasst hat: »Die hitzigen Auseinandersetzungen um die Kündigung der Leiterin des Rauschendorfer Kindergartens und seinen Verbleib in katholischer Trägerschaft erzwingen eine umfassende Darstellung der kirchlichen Position.« Der Kern der Sache drohe sonst aus dem Blick zu geraten. »Die Kirche hat das Wohl der Menschen immer in einem höheren Kontext gesehen«, schreibt Ulrike Keller. »Sie weiß sich schließlich gemäß ihrem Auftrag einem Höheren verpflichtet. Sie kann sich deshalb nie nur als bloße Servicegesellschaft verstehen, die ihr Engagement lediglich nach den allgemeinen Bedürfnissen der Menschen ausrichtet.« Ihre hohe Auffassung von der Ehe könne die Kirche keinesfalls einer zunehmend liberalen Einstellung in der Gesellschaft anpassen. »Wer daher dieses Eheverständnis der katholischen Kirche kennt und sich daran vertraglich bindet, sollte sich nicht beklagen, wenn ein Vertragsbruch entsprechende Konsequenzen nach sich zieht.« Dann kommt die Stelle, die Alice Ernst meint: »Frau Knecht«, steht dort, »hat sich entschieden, ihren Ehepartner, ihre Familie zu verlassen und ist bei dem Fraktionsvorsitzenden der CDU Königswinter, Herrn Dr. Griese, der im Kirchengemeindeverband und Kirchenvorstand für den Kindergarten Rauschendorf zuständig war, als ihrem neuen Partner eingezogen.« Auch ihr gemeinsamer Wohnort wird genannt.

»Wie kann man das den Leuten ins Haus bringen?«, empört sich Alice Ernst. »Monatelang haben wir alle die Details diskret behandelt. Selbst der Generalanzeiger hat den Namen von Frau Knechts neuem Partner nicht erwähnt. Das tut doch auch nichts zur Sache! Das ist nur schmutzige Wäsche. Wen interessiert, wo sie wohnen? Eine Woche vorher hat die Kirche ihre Stellungnahme vertraulich an den Rat geschickt und dann, wenn sich abzeichnet,

dass die Stimmung eher gegen die Kirche ist, schärfen sie die Erklärung noch etwas an und legen sie öffentlich aus?« Alice Ernst ist heute noch genauso verärgert wie vor einem halben Jahr. »Außerdem sind die Kinder von Frau Knecht Anfang zwanzig. Zwanzig! Dort steht, ›sie hat ihre Familie verlassen‹. Das klingt, als lasse sie Kleinkinder zurück.«
Alice Ernst atmet einmal tief durch. Natürlich verstehe sie die Auffassung der katholischen Kirche von der Ehe. Darum gehe es aber gar nicht. »Ich habe katholisch geheiratet, meine Kinder sind getauft, ich hatte dafür meine Gründe. Ich verstehe schon, worum es der Kirche geht, und trotzdem sehe ich noch immer nicht den Zusammenhang zu einer Kindertageseinrichtung und zu den Dingen, die dort wichtig sind.«

Zum Thema Diskretion finden sich ebenfalls einige Zeilen in der Stellungnahme: »Den Kirchenvertretern wird vorgeworfen, sie hätten sich nicht öffentlich zu Wort gemeldet. Der Kirchengemeindeverband ist mit Rücksicht auf den Personen- und Datenschutz nicht sofort in die Öffentlichkeit gegangen. (...) Die nunmehr eingetretene Eskalation der Ereignisse zwingt jetzt aber dazu, diese pastorale Fürsorge aufzugeben. Ansonsten läuft die Kirche Gefahr, weiterhin – völlig zu Unrecht – an den Pranger gestellt zu werden.« Auch die Kirche sei ihren Gläubigen gegenüber zu umfassender Aufklärung der Sache verpflichtet. »Sie dürfen nicht Opfer einer einseitigen Informationspolitik werden.« Und weiter: »Die Eltern der Rauschendorfer Kinder wollen Frau Knecht als bewährte Kindergartenleiterin unbedingt behalten. Sie wollen daher einen Trägerwechsel. Dabei wird Frau Knecht ob ihrer viel gepriesenen Fähigkeiten in einer Weise hochstilisiert, dass sich alle anderen tüchtigen Kindergärtnerinnen in der Pfarreien-Gemeinschaft dagegen kümmerlich vorkommen müssen. Man beschwört geradezu den Rauschendorfer Kindergartenweltuntergang, wenn Frau Knecht ihren Arbeitsplatz wechselt.« Es sei eine fragwürdige Fixierung, der sich die Eltern dort hingeben.

Das Heikle daran sei, schreibt Ulrike Keller im Namen der Kirchenvorstände, dass auf Dauer eine ganz andere kirchenferne Trägerschaft zustande kommen könne. »Diese Gefahr sollte man keineswegs bagatellisieren. Sie ist, wie der Blick auf die bunte Landschaft unterschiedlicher Träger zeigt, sehr wohl real. Über die immer stärker werdenden Tendenzen der Entchristlichung unserer Gesellschaft sollte man sich keinen Illusionen hingeben.« Sei dies nicht ein hoher Preis, um die Wertschätzung einer Person zum Ausdruck zu bringen? »Da ist die Zukunft wirklich ungewiss. Gewiss ist aber, dass sich die langjährige Partnerschaft zwischen katholischer Kirche und der Stadt Königswinter bisher gut bewährt hat. Die katholische Kirchengemeinde hat es seinerzeit dankbar begrüßt, dass die Stadt Königswinter maßgeblich dazu beigetragen hat, den Kindergarten in Rauschendorf als katholischen Kindergarten zu erhalten. Aus Sicht der Kirche bedeutet das, dass auch die grundlegenden Überzeugungen der Kirche darin ihren Platz haben: Wo katholisch draufsteht, muss auch katholisch drin sein.« Zum Abschluss heißt es: »Ist man wirklich bereit, einem ganzen Kindergarten die Erziehung im Sinne der katholischen Werteorientierung auf Dauer wegzunehmen und den nachwachsenden Kindern vorzuenthalten? Ist eine einzige Person diesen hohen Preis wert? Der KGV ist – bei allen Kontroversen – offen für vertretbare Lösungen der Konflikte. Er bleibt weiterhin gesprächsbereit. Kirchengemeindeverband ›Königswinter – Am Oelberg‹«.

Bernadette Knecht sitzt im Herbst 2012 zusammen mit Josef Griese auf einer Bank im Wald im Siebengebirge. Sie denkt kurz nach, bevor sie von dieser Zeit erzählt, in der ihre Geschichte in die Briefkästen kam. »Es war danach ein Spießrutenlauf, den ich nur überlebt habe dank der Anerkennung meiner Freunde, meines Lebenspartners und mit der Begleitung einer Psychologin, die mich seit letztem Herbst betreut.« Josef Griese nickt ihr zu und Bernadette Knecht erzählt weiter. »In dieser Zeit habe ich mich weder getraut, auf die Straße zu gehen und einzukaufen, noch mich irgendwo sehen zu lassen, weil ich überall, hinter und neben und vor mir, Menschen gehört habe, die über mich und von mir gesprochen haben.« Es habe sich jeder seinen Teil zu den Zeilen der Kirche gedacht, das sei ihr bewusst. »Aber dass in diesem Brief mein Privatleben für jedermann offengelegt wurde, dass das eine Kirche, ein Arbeitgeber macht, das kann ich nicht verstehen.«

Am Samstag vor der Entscheidung der Stadtverwaltung sitzen die Eltern im Wohnzimmer von Marie Theres Gehling noch einmal zur Vorbereitung zusammen. Vor der Haustür liegen drei Butterbrote auf einem Teller. Die Töchter spielen nur ein paar Meter entfernt. Sie haben den größten Sandkasten im Dorf, denn ihr Haus ist ganz neu und der Garten ist noch nicht ganz fertig. Fünf Kinder sind heute noch zusätzlich zu Besuch. Sie buddeln und bauen Lehmburgen und ab und an läuft eines von ihnen zur angelehnten Terrassentür und guckt, ob die Eltern sich immer noch unterhalten. Der grüne Zettel liegt auf dem Wohnzimmertisch. Ab diesem Tag haben Bernadette Knecht, Josef Griese und die Eltern nichts mehr dagegen, dass sie begleitet werden, dass ihre Geschichte aufgeschrieben wird, dass ihre Namen in einem Buch auftauchen. Sie wollen erzählen. Gleich, später, erst einmal müssen sie selbst über die Stellungnahme sprechen und überlegen, wie sie reagieren.

»Die Kirche versteht überhaupt nicht, worum es uns geht«, ärgert sich Peer Jung und hebt den Zettel hoch. »Sie geht mit keinem Stück darauf ein, was eigentlich die Eltern zu sagen haben, ob sie was zu sagen haben. Die nehmen uns ja nicht mal ernst, wenn sie sagen, wir würden das nur wegen Frau Knecht machen. Sie schmeißen einfach mit Dreck, weil der Pfarrer mit dem Rücken an der Wand steht und stinksauer ist. Ich habe wirklich lange gebraucht zu begreifen, dass die uns nicht verstehen. Seit dieser Stellungnahme ist das offensichtlich.« Marie Theres Gehling fügt hinzu: »Sie sagen wieder, sie sind offen für Gespräche. Aber die Gespräche kennen wir ja.« – »Wo katholisch draufsteht, muss katholisch drin sein'«, zitiert Peer Jung aus dem Brief. »Das gibt's doch nicht. Die verschweigen einfach, dass sie gar nichts zahlen.« – »Ich glaube«, sagt Alice Ernst, »dass es der Kirche wehtut, sich aus der Elementarpädagogik zurückzuziehen. Da sitzt ja der Nachwuchs. Ich glaube, sie erleben das als einen harten Einschnitt. Aber sie haben einfach das Problem, dass die kirchlichen Verantwortlichen über weltliche Dinge urteilen, ohne sich selbst als Teil dieser Welt zu fühlen, und dass sie einerseits ehelos sind, andererseits aber über Ehen urteilen. Die Kirche möchte dem Nachwuchs, das will ich ganz positiv sagen, Gott näherbringen, aber sie verstehen die Welt nicht.« Nachdem die Eltern sich noch einmal ausgetauscht haben, denken sie über den kommenden Montag nach. Doch, sagt Canina Jung zu ihrem Mann, er solle auf jeden Fall etwas zu der Stellungnahme sagen. »Ich würde nur betonen, dass wir erschüttert waren und dass wir das auf keinen Fall ein Jahr länger ertragen können. Du kannst ja mal in die Runde fragen: ›Sagen Sie uns, wie wir das noch ein Jahr länger ertragen können?‹«

Der 19. März 2012 ist der Tag der Entscheidung. Die Eltern stehen vor der Aula des Gymnasiums in Königswinter, wo der Jugendhilfeausschuss tagen wird. Vor dem Gebäude wartet ein Pulk von Menschen, etwa dreißig Mütter und Väter sind an diesem Nachmittag gekommen. Etwas entfernt steht Ulrike Keller.

Einige der Anwesenden haben am Morgen in der Regionalzeitung die Leserbriefe zur Stellungnahme der Kirche gelesen. »Die stimmen einen nicht gerade hoffnungsfroh«, sagt Alice Ernst. Der grüne Brief habe einiges zurechtgerückt, schreibt dort etwa eine Leserin: »Vielleicht sollte man sich bewusst machen, was es heißt, einen Arbeitsplatz innerhalb der Kirche auszuüben. Hier gibt es letztlich nur dienende Funktionen. Das heißt, es geht um die Sache Jesu, also die erkennbare Bereitschaft zu akzeptieren, dass es Wichtigeres und Größeres gibt als das eigene Gutdünken und die eigenen Ideen und die Beliebtheit bei einer ›Mehrheit‹. Die Kindergartenleiterin hat durch ihre Kündigungsschutzklage versucht, sich darüber hinwegzusetzen. Das Verhalten der Elternschaft geht in die gleiche Richtung.« Und ein Leser aus Königswinter formuliert: »Kirche ist eine Religionsgemeinschaft, die ihre Werte offen darstellen und leben muss, um glaubwürdig zu sein, um sich eindeutig zu positionieren und zu profilieren. Die netten Feiern nehmen wir alle gerne mit. So ist zum Beispiel St. Martin im Kindergarten immer besonders beliebt. Aber die netten und schönen Dinge gibt es letztlich nur, weil sie ihre Grundlagen haben in unserem Glauben.«

Die Eltern betreten das Gebäude und nehmen auf den Rängen Platz. Auch Bürgermeister Peter Wirtz ist da. »Ja, also ich bin nervös«, sagt Alice Ernst. »Entspannt sind wir erst, wenn die Sache hier durch ist und die Abstimmung für uns positiv ausgegangen ist. Ansonsten sitzen wir heute Abend wieder zusammen und überlegen uns etwas Neues.« Um den Hals trägt Alice Ernst eine Kette, der Anhänger ist ein kleines Kreuz.

Der Vorsitzende des Jugendhilfeausschusses eröffnet die Sitzung. Es gibt nur einen Tagesordnungspunkt. Es sprechen die Vertreter der Parteien. Björn Seelbach von der SPD und Richard Ralfs von den Grünen plädieren wie erwartet dafür, die Stadt zu beauftragen, dem Träger Kirche zu kündigen.»Der Kindergarten muss wieder funktionieren, das ist das Wichtigste«, stellt Björn Seelbach klar. Es gehe ihm nicht darum, sich in arbeitsrechtliche Details einzumischen, aber das Verhältnis zwischen den Eltern und dem Kirchengemeindeverband sei unwiderruflich zerstört. Eine weitere Zusammenarbeit mit diesem Träger sei für die Eltern nicht vorstellbar.»Die können nicht mehr miteinander. Das müssen wir sehen.« Da habe die Stadt eine Verantwortung. Man müsse sich, sagt Richard Ralfs, schnell auf die Suche nach einem neuen Träger machen und klären, was das für die Arbeitsverhältnisse der anderen Mitarbeiter in der Einrichtung heiße. Auch die Freien Wähler sprechen sich in der Sitzung für den Wechsel aus.

Die CDU sagt, auch sie denke selbstverständlich lösungsorientiert, sehe jedoch die Verfehlungen der Kirche in dieser Sache nicht. Sie sei vertragstreu. Es sei nach Meinung der Fraktion schwierig, der Kirche zu kündigen, obwohl sie sich an geltendes Recht halte.

Jörg Pauly von der Linken hält eine flammende Rede für die Position der Eltern und kommt dabei auch auf den grünen Brief zu sprechen. Dass sowohl ihr Lebensgefährte als auch Bernadette Knecht selbst von der Kirche mit dem Schreiben als »außerhalb der Moral stehend« gebrandmarkt werden, das sei für ihn im Jahr 2012 undenkbar. Er habe sich in dunkelste Kapitel der Geschichte zurückversetzt gefühlt. Peer Jung nickt und verzichtet auf sein Rederecht.

Nach den Einlassungen der Anwesenden erläutert der Vorsitzende kurz die Grundlagen: Alle Verträge, die die Stadt mit der Kirche geschlossen habe, hätten eine Kündigungsfrist von einem Jahr. Eine ordentliche Kündigung würde also bedeuten: noch ein Jahr mit der Kirche. Der Vertreter der Linken fordert daraufhin eine außerordentliche, fristlose Kündigung. Die Kommune, so schlägt er vor, solle ein eigenes Angebot schaffen, was es bisher so noch nicht gebe.

»Ein außerordentliches Kündigungsrecht«, entgegnet der Vorsitzende, »ist vertraglich nicht vereinbart worden. Die Verwaltung sieht die Ausübung des außerordentlichen Kündigungsrechtes als nur schwer rechtlich begründbar und mit einem hohen Prozessrisiko behaftet.« Es wird offen abgestimmt: Die Mehrheit der Stimmberechtigten im Saal ist gegen die außerordentliche Kündigung. Über die ordentliche Kündigung stimmen die Ausschussmitglieder im Anschluss geheim ab. Direkt vor Ort wird ausgezählt. Die Eltern sind nicht mehr ansprechbar. Ulrike Keller sitzt mit ihrem Mann und ihrer Tochter in der letzten Reihe und wippt mit den Füßen. Dann wird das Ergebnis laut verlesen. Vierzehn stimmberechtigte Mitglieder sind heute im Jugendhilfeausschuss anwesend. »Sieben Jastimmen«, gibt der Vorsitzende bekannt. Im Saal wird es lauter. Jetzt kommt es drauf an. »Vier Neinstimmen und drei Enthaltungen!« Jemand juchzt laut auf. Die Eltern applaudieren. »Knapp, aber geschafft«, freut sich Alice Ernst. Direkt neben ihr fallen zwei Mütter einander in die Arme. »Es ist gut, dass es erst einmal so gekommen ist. Natürlich hätten wir uns ein eindeutigeres Ergebnis gewünscht, aber das ist schon in Ordnung.« – »Diese Kündigung ist nur ein erster Schritt«, sagt Peer Jung. »Denn Frau Knecht ist damit nicht geholfen. Was macht sie denn bis Sommer 2013?« Jetzt müsse die Politik auf die Kirche einwirken, dass sie von sich aus früher gehe.

Eins steht an diesem Tag aber sicher fest: Die Stadtverwaltung hat beschlossen, den Vertrag mit der Kirche aufzulösen. Und das nicht, weil die Kirchenvorstände Frau Knecht entlassen haben, sondern weil das Verhältnis der Kunden, der Eltern, zur Kirche »unwiederbringlich zerrüttet« sei.

Damit ist das passiert, was in der Kirche bislang niemand für möglich gehalten hatte. »Stadt wirft Kirche raus«, wird in den Tagen danach bundesweit in den Zeitungen stehen. »Der Papst hatte die Entweltlichung der Kirche gefordert«, ist zu lesen. »Neuerdings hilft die Welt nach und setzt mal so eben der Kirche den Stuhl vor die Tür.«

»Es ist natürlich schade«, sagt Ulrike Keller draußen vor der Tür. »Wir sind sehr traurig darüber. Wir haben immer eine große Aufgabe darin gesehen, die Kinder in katholisch-christlicher Werteorientierung zu erziehen. Was bisher auch immer Wunsch der Eltern war! Aber gut, jetzt muss man sehen, wie es weitergeht.« Ändert die Entscheidung etwas an ihrer Haltung? »Das ist eine gute Frage.« Sie lacht herzlich und überlegt kurz. »Ja, es ist so, dass die katholische Kirche ein Idealbild der Ehe hat, und daran wird sie mit Sicherheit festhalten. Weil sie sich auch damit begründet, dass wir an einen Gott glauben, der treu ist, und die christliche Ehe ist Abbild des Ganzen. Von daher müssen wir dabei bleiben.« Ob sie als Kirche nun noch bis 2013 Träger bleiben oder sich überlegen, früher zu gehen, das müssten sie nun im Kirchengemeindeverband mit dem Pfarrer diskutieren.»Dann werden wir für die Kinder eine gute Lösung finden.«

Im Rauschendorfer Fall, sagt der katholische Theologe, der anonym bleiben will, habe ein Teil der Gemeinde aus Sicht der Kirche moralisch versagt. Und der habe auch noch in der Kommune einen Hebel gefunden, um diese für die Kirche inakzeptable Moralvorstellung durchzusetzen.»So wird die Kirche zahnlos und kirchliche Sanktionsgewalt hat keine Kraft mehr. Dass die Schafe effektiv aufbegehren, ist römisch-katholisch nicht vorgesehen.« Darüber hinaus habe die Kommune der Kirche damit gezeigt, ob willentlich oder nicht, dass die Trennung von Staat und Kirche kein Prozess ist, der nur nach den Vorstellungen der Kirche abläuft.»Das ist ein Skandal für die Kirche.«

Der 19. März 2012 ist ein Erfolg für die Eltern. Aber ist er es auch für Bernadette Knecht und ihre Mitarbeiter?

13.
»Vater unser im Himmel«
Kein Abschied

Vier Wochen ist die Entscheidung des Jugendhilfeausschusses alt, da kommt Mitte April 2012 Udo Maria Schiffers in den Kindergarten zu Bernadette Knecht und ihren Mitarbeitern. Es sei ganz still im Raum gewesen, erinnert sich die Kindergartenleiterin. Der Pfarrer habe dann nur gesagt: »Der Kirchengemeindeverband hat sich entschlossen, die Trägerschaft frühzeitig abzugeben.« Alle Anwesenden seien ganz ruhig geblieben, niemand habe etwas dazu gesagt. »Unglaublich war das.«

Es sei an der Zeit gewesen, sagt Pfarrer Udo Maria Schiffers dazu im Herbst 2012. Sie hätten abgestimmt im Kirchengemeindeverband, und das sei das Ergebnis gewesen. »Ich hatte natürlich bis zuletzt gehofft, dass der Jugendhilfeausschuss vielleicht doch eine andere Entscheidung trifft, aber ich habe es dann so akzeptiert.« Die Entscheidung sei vor allem zum Wohl der Kinder gefallen, um ihnen weitere Unruhe zu ersparen. Er atmet tief ein. »Ich möchte dazu aber nichts mehr weiter sagen.«

»Vater unser im Himmel«

Wer am 12. Juli 2012 auf den Vorplatz des Rauschendorfer Kindergartens kommt, trifft auf eine ausnehmend fröhliche Kindergartenleiterin. Bernadette Knecht trägt gerade eine Bierbank nach draußen. Heute ist Abschiedstag. Die älteren Kindergartenkinder werden in die Schule entlassen und der katholische Kindergarten gibt seine Trägerschaft auf – mit einem Gottesdienst. Auf der Mitte des Platzes probt eine Musikgruppe aus Eltern und Erziehern ein Halleluja. Canina Jung kommt mit einer Salatschüssel um die Ecke und Alice Ernst und Cordula Schumacher haben Sonnenblumen dabei. Für jede Erzieherin eine. »Es freut uns sehr, Frau Knecht wieder so zu sehen. Das ist ein Geschenk«, sagt Canina Jung und holt die Kindergartenleiterin in die Runde. »Die Stimmung ist so gut, wie seit einem Dreivierteljahr nicht mehr. Mir geht es sehr gut«, strahlt Bernadette Knecht und ist schon wieder weg, um einen Sonnenschirm aufzuspannen. »Es wird bald eine neue Fahne über dem Kindergarten wehen«, deutet Peer Jung an. Dann beginnt der Gottesdienst. Der Männergesangsverein stimmt unter dem Kastanienbaum Psalm 24 an. Sie singen:

Der Herr kommt, stark und mächtig.
Machet die Tore weit und die Türen in der Welt
   hoch,
   dass der König der Ehre einziehe!
Wer ist der König der Ehre?
Es ist der Herr, stark und mächtig, der Herr
   mächtig im Streit.
Amen

»Im Namen des Vaters und des Sohnes und des Heiligen Geistes«, eröffnet Gemeindereferentin Barbara Gotter den katholischen Wortgottesdienst. Pfarrer Schiffers ist nicht gekommen, er ist im Urlaub in Frankreich. Ulrike Keller ist da. Josef Griese auch. Bernadette Knecht sitzt mit den Kindern auf den Holzbänken und die Eltern stehen im Halbkreis um sie herum. »Nach fast genau vierzig Jahren«, setzt die Gemeindereferentin an, »gibt die Kirche nicht mit so ganz leichtem Herzen diesen Kindergarten auf. Das heißt, es kommt jetzt ganz vieles auf uns zu. Ganz viel Neues. An solchen Punkten ist es gut, wenn wir Gott davon erzählen und um seine Begleitung bitten. Darum feiern wir diesen Gottesdienst.« Wie gewohnt hat Bernadette Knecht die musikalische Gestaltung übernommen. Sie steht auf, beginnt zu dirigieren und die Kinder singen: »Wir feiern heut ein Fest und kommen hier zusammen, wir feiern heut ein Fest, weil heute Abschied ist.« Am Ende bilden die Anwesenden einen Kreis und beten noch einmal zusammen: »Vater unser im Himmel«.

Ulrike Keller sagt, die Messe habe gezeigt, dass den Eltern die Kirche wohl doch nicht so unwichtig sei. Darüber freue sie sich. »Vielleicht standen ja doch nicht alle Eltern hinter dem Wechsel.«

Bürgermeister Wirtz lässt sich vertreten und man hört auf dem Platz, die Stadtvertreter seien »not amused« darüber, dass sie jetzt deutschlandweit in der Presse als Revolutionäre gesehen würden, weil sie die Kirche aus dem Dorf gejagt hätten. So sehe man sich selbst nämlich überhaupt nicht.

Noch jemand ist an diesem Nachmittag in den Kindergarten gekommen: der neue Vorgesetzte von Bernadette

Knecht. Er will schon einmal guten Tag sagen. Es ist Reinhard Koglin vom Christlichen Jugenddorf Christopherus (CJD), das zum diakonischen Werk der evangelischen Kirche gehört. Das CJD unterhält in Königswinter zwei Konfessionsschulen, eine Realschule und das Gymnasium, in dem die Abstimmung über den Trägerwechsel stattgefunden hat. Man kennt sich. Reinhard Koglin wird Bernadette Knecht und alle anderen Erzieherinnen zum 1. August 2012 übernehmen. Es soll ein Betriebsübergang in eine neue Einrichtung mit christlichem Hintergrund werden. »Der christliche Glaube«, sagt Reinhard Koglin, »ist die Grundlage unserer Arbeit. Aber Konfessionen und besondere Regeln von Konfessionen, die im Privatleben angesiedelt sind, interessieren mich nicht.« Das heißt, es können auch Muslime oder nicht getaufte Erzieherinnen jetzt hier arbeiten? »Erzieherinnen sollten doch durch die Mitgliedschaft in einer christlichen Kirche dokumentieren, dass sie auf der Basis des Christentums stehen«, antwortet Reinhard Koglin. Das heißt, es können nur Christen hier arbeiten? »Im Erzieherdienst ja.« Der neue Chef lächelt etwas verlegen.

Lange hat der Stadtrat darüber diskutiert, wer nun der neue Träger des Kindergartens Rauschendorf werden soll. Gleich mehrere haben sich beworben: der Johanniter-Orden, das CJD und der evangelische Probsthof, der im Nachbarort schon eine Einrichtung leitet. Mit dem Probsthof kam noch einmal neue Brisanz in die Diskussion. Der Träger war vor gut einem Jahr in Königswinter in die Schlagzeilen geraten, weil er in seiner Bewerbung um die Trägerschaft für die örtlichen »Häuser der Jugend« einen Ausschluss von Jugendlichen mit Migrationshintergrund angekündigt hatte. »Eine für beide Häuser entscheidende Grundvoraussetzung ist, dass es bei der Besucherstruktur keine einseitige Migrantendominanz gibt«, hieß es in der Bewerbung vom 23. Mai 2011. »Da derzeit bei beiden Häusern eine starke Überrepräsentanz einer jeweils anderen kulturellen Gruppierung vorhanden ist, werden diese keinen Zutritt mehr zu den Häusern haben. Es soll dadurch anderen Jugendlichen, insbesondere auch Deutschen und anderen Nationalitäten, die Möglichkeit eröffnet werden, sich angstfrei diesen Orten wieder zuzuwenden. Kriminelle Machenschaften einzelner Gruppierungen sollen so ausgegrenzt werden, damit ein spannungsfreies Miteinander wieder Chancen hat. Eine Wiedereingliederung Einzelner kann erarbeitet werden.« Der evangelische Probsthof ist in Sachen Kindergarten Rauschendorf von sich aus auf die Königswinterer Stadtverwaltung zugekommen und hat versprochen: Wir zahlen unseren Eigenanteil selbst. Damit bot er mehr als alle anderen im Wettbewerb, die von einer erneuten Sonderfinanzierung ausgingen. Kurz, so erzählen es die Beteiligten, habe die CDU dann im Rat erwogen, aus finanziellen Gründen für den Probsthof zu stimmen. Wenn einer kommt, der alles zahlt, müsse man den nehmen, hätten einige Christdemokraten argumentiert. Es habe dann sogar eine Unterbrechung der Sitzung gegeben, weil sich die CDU nach hitzigen Diskussionen noch einmal intern beraten musste. Danach, so erzählt Richard Ralfs von den Grünen, sei man sich aber einig gewesen, dass man den

Elternwillen berücksichtigen müsse, und die hätten sich für das Christliche Jugenddorf Christopherus ausgesprochen. Außerdem sei auch Bernadette Knecht gegen den Probsthof gewesen. »Da hätte sie nämlich als Leiterin zum evangelischen Glauben konvertieren müssen und das wollte sie nicht«, erklärt Richard Ralfs. Zwar zahle das CJD jetzt auch weniger, als sie nach Gesetz müssten, nämlich nur zwei und ab 2015 drei Prozent Eigenanteil. »Aber es ist trotzdem noch günstiger als vorher.«

Nein, sagt er dann noch, die Idee, einen eigenen, kommunalen Kindergarten aufzumachen, habe es in der Ratssitzung nicht gegeben. »Dann hätte wahrscheinlich die katholische Kirche dem vorzeitigen Betriebsübergang nicht zugestimmt, wenn wir uns für einen nicht christlichen Träger entschieden hätten.« Die Kirche hätte nicht zugestimmt? »Bei einem Betriebsübergang müssen die Leute miteinander reden. Nicht dass dann noch der Streit ums Inventar anfängt. Außerdem sei so keine Ausschreibung nötig gewesen.« Richard Ralfs kommt ins Nachdenken. »Ja, ich habe das Gefühl, dass die Kirche manchmal noch ganz schön viel zu sagen hat. Definitiv. Oft sehe ich nicht den Grund, warum das so ist und warum das weiterhin so sein soll.«

Einige Fragen bleiben nach der Entscheidung in Rauschendorf offen. Fragen, die dort nicht geklärt werden können. Etwa ob ein Staat es sich leisten kann, dass für Hunderttausende »seiner« Beschäftigten wesentliche Errungenschaften der modernen Zeit nicht gelten. Und ob die finanzielle Förderung kirchlicher Sozialeinrichtungen nicht in Zukunft an die Einhaltung grundlegender arbeits- und sozialrechtlicher Standards geknüpft werden muss.

Dass die Beziehung zwischen Kirche und Gesellschaft neu definiert werden muss, scheint klar. Nur wie? Papst Benedikt XVI. hat auf seiner Deutschland-Reise 2011 gesagt: Die Kirche müsse sich entweltlichen, um ihrem Auftrag besser gerecht zu werden. Seitdem wird innerhalb der Kirche darüber diskutiert, was er damit wohl genau gemeint habe. Die Fälle Rauschendorf, Düsseldorf, Emmerich, Stadthagen, Berlin, Neu-Ulm und viele andere weisen darauf hin, dass die Kirche sich entscheiden muss, wie sie mit der Welt, in der auch all ihre Mitarbeiter leben, umgehen will.

Ein Jahr lang haben die Eltern in Rauschendorf dafür gekämpft, dass die katholische Kirche gehen muss. Nun ist die evangelische Kirche da. »Uns ging es ja nie um eine grundsätzliche Kritik an der Kirche oder am christlichen Glauben«, erklärt Alice Ernst, warum sie mit der Entscheidung der Stadt gut leben kann. »Wir sind auch vorher eine echte christliche Einrichtung gewesen. Das ist für uns ein Stück Kultur, das wir nicht wegdenken können.« – »Wenn meine Kinder hier bei Frau Knecht etwas über Religion lernen, dann buche ich das unter Vermittlung von Grundwerten ab, nicht unter Gehorsam zur Kirche«, sagt Peer Jung. »Natürlich ist das ein Dilemma. Ich bin mir aber sicher, man kann eine gute christliche Einrichtung sein, ohne so sehr in das Leben der Mitarbeiter einzugreifen.«

Und wenn es doch wieder so weit kommen sollte, dass etwa eine nicht gläubige Bewerberin bei ihnen keine Stelle bekomme, dann wären sie wieder bereit zu kämpfen, sagen die Eltern. »Ich glaube«, legt sich Alice Ernst fest, »dass wir uns da in einer Form positioniert haben, die Träger mit solchen Ansinnen schon eher abschreckt.« Peer Jung stimmt ihr zu. »Das halte ich für nicht durchsetzbar. Hier zumindest. Das Thema wird natürlich in anderen Kindergärten weiter lebendig bleiben, aber hier glaube ich nicht.«

Pfarrer Udo Maria Schiffers sitzt nach seinem Urlaub im Herbst 2012 im Pfarrbüro. Nein, er gräme sich nicht. Er sei froh, dass der Kindergarten nun eine evangelische Einrichtung sei und damit nicht völlig vom christlichen Glauben entfernt. Natürlich habe er sich über die Zeit auch Gedanken gemacht, ob diese ganze Konstruktion, auch die Finanzierung durch die Stadt, nicht ein Fehler gewesen sei. »Aber trotzdem finde ich es nach wie vor richtig, dass eine Religionsgemeinschaft sagen kann: In unseren Einrichtungen dürfen nur Leute arbeiten, die unsere wichtigsten Werte mittragen.« Auch wenn die eigenen Mitarbeiter komplett vom Staat bezahlt werden? »Das muss sich der Staat überlegen, ob er das machen will.«

Er macht eine kleine Pause, bevor er fortfährt: »Und wenn der Staat das nicht oder nicht mehr in dem Umfang oder mit anderen Voraussetzungen bezahlt, muss sich die Kirche neu aufstellen.« Vielleicht mit weniger Einrichtungen und die dann aber konsequent katholisch. »Ich habe nichts gegen Veränderungen«, sagt Pfarrer Udo Maria Schiffers.

Axel Hacke/Giovanni di Lorenzo. Wofür stehst Du? Was in unserem Leben wichtig ist – eine Suche. KiWi 1241

Axel Hacke und Giovanni di Lorenzo haben zusammen ein ungewöhnliches Buch geschrieben. Sie stellen die große Frage nach den Werten, die für sie maßgeblich sind – oder sein sollten. Statt aber ein Handbuch der Alltagsmoral zu verfassen, haben sie vor allem in ihren eigenen Biografien nach Antworten gesucht.

»Ein Buch über die Angst und darüber, wie man ihr standhalten kann« *Frankfurter Allgemeine Zeitung*

www.kiwi-verlag.de

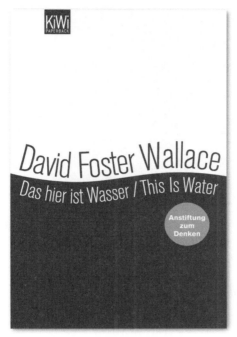

David Foster Wallace. Das hier ist Wasser / This is Water.
Anstiftung zum Denken. Zweisprachige Ausgabe (Engl. / Dt.).
Deutsch von Ulrich Blumenbach. KiWi 1272

David Foster Wallace zeigt in dieser berühmt gewordene Abschlussrede für die Absolventen des Kenyon College von 2005 mit einfachen Worten, was es heißt, Denken zu lernen und erwachsen zu sein. Mit frappierender Weisheit und entwaffnender Moral.

»Eine empfehlenswerte Ermutigung, über den eigenen Horizont hinauszudenken« *taz*

www.kiwi-verlag.de

Stefan Kreutzberger / Valentin Thurn. Die Essensvernichter. Warum die Hälfte aller Lebensmittel im Müll landet und wer dafür verantwortlich ist. KiWi 1295

Rund die Hälfte unserer Lebensmittel – bis zu 20 Millionen Tonnen allein in Deutschland – landet im Müll. Lebensmittelvernichtung – die in hohem Maß auch zum Klimawandel beiträgt – ist auf internationaler, aber auch auf individueller Ebene zu begegnen. Das Buch enthält viele Anregungen, wie jeder Einzelne umsteuern kann.

»In den Mund oder auf den Müll – das ist keine Frage von Qualität mehr, sondern von wirtschaftlichen Interessen. Deshalb empfehle ich ›Die Essensvernichter‹ allen aufmerksamen Verbraucherinnen und Verbrauchern als Pflichtlektüre.«
Sarah Wiener, Starköchin

www.kiwi-verlag.de

Günter Wallraff. Aus der schönen neuen Welt. Expeditionen ins Landesinnere. Erweiterte Neuauflage. KiWi 1207

Erweiterte Neuauflage mit einer zusätzlichen Reportage über die Missstände in der Psychiatrie

»Das Buch ist gut und notwendig, und zwar wegen einer simplen Tatsache: Die beschriebenen Missstände sind so verbreitet, dass dagegen ankämpfende Stimmen gar nicht laut genug sein können.« *Deutschlandradio*

»Wallraff, eine Institution der alten Bundesrepublik, meldet sich mit diesem Buch auf seine Planstelle zurück.« *Frankfurter Allgemeine Zeitung*

www.kiwi-verlag.de

Helmut Schmidt
Giovanni di Lorenzo

Verstehen Sie das, Herr Schmidt?

Kiepenheuer & Witsch

Helmut Schmidt / Giovanni di Lorenzo. Verstehen Sie das, Herr Schmidt? Gebunden

Neues vom Altkanzler, starker Tobak inklusive: Mit ihrem Interview-Band »Auf eine Zigarette mit Helmut Schmidt« haben sie Millionen Leser begeistert, nun legen Giovanni di Lorenzo und Helmut Schmidt ihre neuen Gespräche vor. Hierin geht es unter anderem um die Bilanz der schwarz-gelben Koalition und die Lage der SPD, um den Atomausstieg, die Wutbürger, die Piratenpartei und die Schuldenkrise in Europa. Immer wieder spricht Schmidt auch über ganz private Erinnerungen und liefert überraschende Einschätzungen.

Kiepenheuer & Witsch

www.kiwi-verlag.de

Ranga Yogeshwar. Rangas Welt. KiWi 1299

Warum leuchten Katzenaugen? Wieso kann es im Sommer hageln? Und: Rechnen Inder anders? In seinen beiden Bestsellern »Ach so!« und »Sonst noch Fragen?« löst Ranga Yogeshwar auf unterhaltsame Weise Rätsel des Alltags, beantwortet Fragen aus allen Bereichen des Lebens und zeigt überraschende Zusammenhänge auf. Vor allem macht er Lust aufs Fragenstellen, Erforschen und Weiterdenken! Dieser Doppelband enthält alle Fragen der beiden Bücher – ein ganz großes, intelligentes Lesevergnügen: Mehr Spaß kann Wissen nicht machen.

www.kiwi-verlag.de

Martin Doerry / Markus Verbeet. Wie gut ist Ihre Allgemeinbildung? Religion. Der große SPIEGEL-Wissenstest zum Mitmachen.
KiWi 1236

Religionen beeinflussen die große Politik und prägen den Alltag der Menschen. Denn im Glauben sind Werte und Grundsätze verankert, nach denen wir leben und die uns kulturell prägen. Daher gilt auch für Atheisten: Wer sich mit Religion auskennt, versteht die Welt besser. Im SPIEGEL-Wissenstest RELIGION geht es um die großen Weltreligionen. Das Wissensbuch für Glaubensfragen, mit interessanten Analysen und spannenden SPIEGEL-Gesprächen mit Margot Käßmann und Thomas Gottschalk.

www.kiwi-verlag.de

Bastian Obermayer / Rainer Stadler. Bruder, was hast Du getan? Kloster Ettal. Die Täter, die Opfer, das System.
Gebunden

Im Jahr 2010 wurde bekannt, dass geistliche Erzieher am Kloster Ettal ihnen anvertraute Internatsschüler über Jahrzehnte seelisch wie körperlich misshandelt und sexuell missbraucht hatten. Wie konnte es geschehen, dass sich ein scheinbar so gottesfürchtiges Idyll für so viele Kinder und Jugendliche als Ort des Grauens entpuppte? Die erste grundlegende Untersuchung zum Missbrauchsskandal in der katholischen Kirche.

www.kiwi-verlag.de